Jean-Paul Sartre

장폴 사르트르 / 이솔

<컴북스이론총서>는
현대를 호흡하는 사상가들을 소개합니다.
단순한 사상의 축약, 해제가 아닙니다.
해당 사상가를 연구해 온 전문가가 직접
사상가의 핵심 키워드 10개를 뽑아 해설하고 비평합니다.
인간과 비인간, 현실과 가상, 문화와 야만의
경계를 넘나드는 모든 사상을 싣겠습니다.
오늘을 살아가는 모든 이의 나침반이 되겠습니다.

컴북스이론총서

장폴 사르트르

이솔

대한민국, 서울, 커뮤니케이션북스, 2025

장폴 사르트르

지은이 이솔
펴낸이 박영률

초판 1쇄 펴낸날 2025년 11월 19일

커뮤니케이션북스(주)
출판 등록 제313-2007-000166호(2007년 8월 17일)
02880 서울시 성북구 성북로 5-11
전화 (02) 7474 001, 팩스 (02) 736 5047
commbooks@commbooks.com
www.commbooks.com

ISBN 979-11-430-1436-8 04160

책값은 뒤표지에 표시되어 있습니다.

왜 '지금' 사르트르인가

장폴 사르트르(Jean-Paul Sartre, 1905~1980)는 20세기 중반 프랑스 철학을 대표하는 사상가로, 에드문트 후설(Edmund Husserl)의 현상학(Phänomenologie)을 비판적으로 전유함으로써 독창적인 실존주의 철학을 구축했다. 사르트르 실존철학의 핵심을 보여 주는 대표작은 ≪존재와 무(L'Être et le Néant)≫(1943)다. 이 저작에서 사르트르는 즉자적 사물과 다른 의식의 본성, 주체의 기투(projet)와 자기 창조, 타자와의 투쟁적 관계에 대한 분석을 통해 대자적 존재의 구조를 규명했다. 이후 사르트르는 또 다른 대작인 ≪변증법적 이성 비판(Critique de la raison dialectique)≫(1960)에서 본격적으로 사회·역사적 맥락 속에서 실존적 책임, 공동체와 역사 그리고 계급 문제를 탐구한다. 이로써 사르트르는 인간 실존을 집단적 실천과 계급 투쟁 속에 위치시키는 가운데 마르크스주의의 경직된 유물론을 넘어서고자 했다. 요컨대 사르트르는 ≪존재와 무≫에서 후설 현상학을 비판적으로 수용해 독자적인 존재론을 구성했고, ≪변증법적 이성 비판≫에서는 실존철학의 토대 위에서 역사적 유물론을 전개했다.

사르트르 철학은 주체의 자유와 책임, 타자와 유아론의 문제 같은 전통 철학의 쟁점들을 구체적 체험 속에서 재조명함으로써 이후 프랑스 현대 철학이 새로운 방향으로 나아가는 결정적 계기를 형성했다. 사르트르의 철학은 인간이 처한 현실적 상황을 사유의 출발점으로 삼았으며, 기존 철학의 형이상학적·사변적 전통을 근본적으로 뒤흔들었다. 사르트르는 인간을 실제적인 시간과 공간 속에 위치한 존재로 이해했으며, 인간 실존의 문제를 타자와 함께 더불어 존재하는 상황 속에서 분석했다.

이러한 관점은 프랑스 현대 철학이 추상적·관념적 성찰에서 벗어나 역사적 조건과 사회적 맥락 속에서 철학의 제문제를 사유하는 방향으로 나아가는 데 결정적 전환점 역할을 했다. 사르트르 이후의 철학자들, 이를테면 모리스 메를로퐁티(Maurice Merleau-Ponty), 에마뉘엘 레비나스(Emmanuel Levinas), 미셸 푸코(Michel Foucault), 질 들뢰즈(Gilles Deleuze), 자크 데리다(Jacques Derrida) 등은 각기 다른 방식으로 사르트르가 제시한 문제의식을 계승하거나 비판하면서 인간 실존의 조건을 더욱 복잡하고 구체적인 양상 속에서 사유하게 되었다. 이처럼 20세기 중반 이후 프랑스 철학은 사르트르의 철학에 힘입어 인간과 세계에 관한 구체적이고 실천적인 사유로 거듭날 수 있었다.

사르트르는 인간의 자유를 형이상학적 원리가 아니라 현실에서 자각하고 실현해야 할 실존적 책임으로 파악했다. 이는 구조주의적 사유가 도래하기 이전 주체와 존재, 사회와 역사의 문제를 사유하기 위한 바탕을 형성했다. 특히 사르트르의 '앙가주망(engagement)' 개념은 문학, 예술, 정치 전반에 걸쳐 지식인의 사회적 책임을 요구하는 담론의 기틀이 되었다. 또한 실존주의는 사르트르 덕에 단순한 철학 사조를 넘어 20세기 중반 유럽 지성사의 중심축으로 자리매김했다. 사르트르는 전통적인 제도나 권위에 안주하는 인물이 아니었다. 사르트르는 철학을 강단 안에 가두기보다 당대 현실과 사회적 문제 속에서 끊임없이 발언하고 개입하는 살아 있는 사유로 만들어 갔다. 이러한 맥락에서 사르트르는 경직되고 관념적인 강단 철학자들과는 본질적으로 다른 위치에 서 있었다. 들뢰즈가 회고하듯 사르트르의 철학은 사람들이 당대 경직된 철학적 전통을 벗어나 숨 쉴 수 있게 한 "한 줌의 신선한 바람(un peu d'air pur)"(Deleuze & Parnet, 1996: 19)이었다.

해빙기에 사람들은 이상하게도 철학사에 틀어박혀 있었습

니다. 그저 헤겔·후설·하이데거 속으로 뛰어들 뿐이었습니다. 우리는 강아지처럼 중세 때의 스콜라 철학보다도 못한 스콜라적인 철학을 쫓아다니고 있었습니다. 다행히 그때 사르트르가 있었습니다. 사르트르는 우리의 바깥이었고, 그야말로 뒤뜰에 부는 바람이었습니다.… 소르본의 모든 가능성 가운데에서, 우리에게 질서의 새로운 재편을 감당할 힘을 준 것은 바로 사르트르 특유의 조합이었습니다. 그런데 사르트르는 절대로 거기에서 멈추지 않았죠. 어떤 모델이나 방법, 사례가 되는 데에서 멈추지 않았어요. 오히려 한 줌의 신선한 바람이었습니다. 막 플로르[카페 드 플로르(Café de Flore)]에 갔다 올 때조차 그는 한 줌의 순수한 바람, 갑자기 불어오는 바람이었지요.(Deleuze & Parnet, 1996: 18-19)

1945년 사르트르가 창간한 문예지 ≪현대(Les temps modernes)≫는 문학, 철학, 정치 담론을 가로지르는 공론의 장으로 기능했다. 사르트르는 지식인의 정치적 책임을 강조했으며, 사회적 모순에 침묵하지 않고 선두에서 발언하기를 망설이지 않았다. 알제리전쟁에 반대하고 식민주의를 비판했으며, 1964년에는 제도화된 명예와 권위를 거부하는 신념의 표현으로 노벨상 수상을 거절했다. 1980년 사르트르가 사망하자 수만 명의 시민이 장례식에 참석해

애도의 물결을 만든 것은 당대 그가 지녔던 대중적 영향력을 보여 주는 사건으로 기억된다. 사르트르는 20세기 지성사에서 '실천하는 지식인'을 상징하는 인물로 남아 있다.

'인간 주체'의 철학

그러나 이는 20세기의 일이 아닌가? 애석하게도 사르트르 철학의 핵심 개념이라 할 수 있는 '인간', '주체' 그리고 '자유'는 오늘날 철학의 지형 속에서는 더 이상 설득력을 갖지 못하는 지나간 시대의 정신이 되어 버린 듯하다. 더군다나 잊지 말아야 할 것은 사실 사르트르의 실존주의는 20세기에도 철학계의 지배적 담론이 아니었다는 사실이다. 과연 20세기는 사르트르의 세기였던가? 일찍이 푸코가 사르트르의 ≪변증법적 이성 비판≫을 "19세기의 인간이 20세기를 사유하기 위한 장엄하고 비통한 노력"(Foucault, 2001: 541-542)이라고 폄하한 것은 잘 알려진 일화다. 20세기를 휩쓴 구조주의(structuralisme)의 열풍은 주체를 앞세운 인간주의 철학을 조롱거리로 전락시켰다. 시대는 너무도 빠르게 인간 개념 너머로 나아갔다. 클로드 레비스트로스(Claude Lévi-Strauss)는 사르트르를 "코기토의 포로"라고 비판했으며, 마르틴 하이데거(Martin Heidegger)는 그를 “존재의 폭군”으로 칭했다. 데리다 역시 1968년 “인간의 종말(The Ends of Man)”이라는 강의에서 사르트르의 ‘인간주의적 왜곡’을 비판했다. 인간 주체를 거론하는 것은 고리타분한 인본주의적 신화, 구시대적인 계몽주의의 유물 정도로 취급되었다.

이들의 한결같은 비판이 합당하게도, 사르트르는 첫 철학서인 ≪자아의 초월성(La Transcendance de l’égo)≫부터 미완성 유고로 남은 ≪도덕을 위한 노트(Cahiers pour une morale)≫에 이르기까지 한순간도 주체의 의식이라는 층위를 떠나지 않았다. 이런 맥락에서 분명 사르트르의 철학은 주체중심주의 철학이라는 비판을 면할 수 없다. 실제로 우리는 사르트르의 저작 곳곳에서 그의 철학이 지닌 주체중심주의적(더 나아가 인간중심주의적) 면모를 확인할 수 있다. ≪존재와 무≫에서 사르트르가 “하나의 세계가 거기 존재하는 것은 인간실재에 의해서[다]”(사르트르, 2025: 654)라고 선언한 것은 그러한 주체중심적 태도의 일례다. 사르트르에게 ‘인간 없는 세계’란 모순적 개념이다. 절대적 객관성이란 실제가 아니라 일종의 한계 개념에 불과하다. 이러한 주장을 뒷받침하기 위해 사르트르는 드브로이 가설(hypothèse de Broglie)을 참조한다. 양자역학 이론의 중심을 이루는 이 가설은 물리학에서 관찰자가 개입하지 않은 상태에서는 어떤 사건도 명확히 결정되지 않는다는 사실을, 즉 관찰 행위 자체가 현실을 구성하는 한 요소임을 보여 준다. 이로써 사르트르는 우리가 '경험'이라고 부르는 모든 인식 활동은 언제나 관찰자의 존재를 전제하며, 관찰자 없는 경험은 성립할 수 없다는 사실을 강조한다. 물론 그렇다고 사르트르 철학이 관념론적 극단으로 향한 것은 아니다. 순수한 객관성과 순수한 존재가 허위 관념이었던 것과 마찬가지로 '순수한 주관성' 또는 '순수한 인식' 역시 모순된 관념일 뿐이다. "인식은 일정한 관점 속에서 구속된 출현일 수밖에 없으며, 사람이란 그런 관점이다. 인간실재에게 존재한다는 것은 '거기에-있음'이다."(사르트르, 2025: 656)

인간이 세계의 일부로서 세계 내 다른 존재자들과의 관계망 안에 위치한 존재일 수밖에 없듯이, 자연 역시 인간을 배제하고서는 규정될 수 없다. 사르트르는 인간과 별개로 존재하는 '순수한 자연' 개념이 허상이라는 사실을 고발한다. 인간과 마찬가지로 자연 역시 인간과의 관계 속에서만 성립할 수 있는 개념이다. 의식에 앞서 존재하는 것으로 가정된 '객관적 세계'란 순전한 추상적 관념에 지나지 않는다. 그것이 존재한다고 해도 의식에 의해 조명되기 전까지 그것의 존재는 아무런 의미도 가지지 못한다. 의식이 비추기 전까지 세계는 의미화되지 못한 채 그저 무차별적인 존재의 덩어리로 있을 뿐이다. 개념에 내재한 모순은 '자연/인간(nature/human)'이라는 명사적 표현보다 '자연적/인위적(natural/artificial)'이라는 형용사적 형태를 통해 더 명백히 드러난다. 자연적인 것과 인위적인 것의 구분은 그야말로 자의적이다. 사실 우리가 자연적이라 부르는 것은 '자연적이라고 해석된 대상'에 지나지 않는다. 즉 그것은 그야말로 인간적 인식의 틀에서 (혹은 헤게모니에 의해서) '자연적'이라고 규정된 대상이다. 반대로 '인위적인 것'은 본질적으로 자연적이다. 인간이 자연의 일부인 한, 인간의 모든 행위는 자연의 섭리를 벗어나지 않을 것이기 때문이다.

신유물론(new materialism)이라는 헐거운 명칭으로 지칭되는 일군의 이론가들은 오늘날을 '인류세(Anthropocene)'의 시대로 규정한다. 이 용어는 지질학적 규모에서 인간이 자연에 미친 돌이킬 수 없는 영향을 가리키며, 더 이상 인간과 자연을 분리할 수 없는 시대가 도래했음을 선언한다. 즉 인간은 더 이상 외부의 관찰자가 아니라 지구 시스템의 지질학적 행위자로, 기후 변화와 생태계 파괴 그리고 대기 구성 변화 등 전 지구적 변화를 촉발한 주체로 간주된다. '인류세'라는 개념은 그 자체로 추문(醜聞)이다.

이 개념을 통해 적나라하게 드러나는 것은 바로 더 이상 만물의 영장이 아닌 인간, 파괴와 위기의 동인이 되어 버린 인간의 초상이기 때문이다.

그러나 신유물론 이론가들이 '인류세'라는 용어를 통해 드러내고자 한 위기의식 속에는 여전히 자연과 인간, 자연적인 것과 인위적인 것을 구분하는 임의적 이분법이 전제되어 있다. 인간에 의해 파괴된 '자연'이라는 관념은, 역설적으로 인간이 개입하기 이전의 '순수한 자연'을 가정함으로써만 성립할 수 있다. 인류세는 인간에 의해 오염되지 않은 자연에 대한 향수를 내포하며, 여전히 인간을 자연의 외부자로 설정하는 시선을 벗어나지 못한다. 하지만 사르트르의 관점에서 보면 그러한 자연은 처음부터 존재한 적이 없다. 인간은 언제나 세계 속에 있으며, 자연 역시 인간과의 관계 속에서 구성된다. 인위적인 것은 결코 자연의 반대가 아니며, 오히려 자연이 인간이라는 존재를 통해 자신을 드러내는 방식 중 하나일 뿐이다.

사르트르의 현재

여기서 우리는 사르트르 철학의 현재성을 발견한다. 왜 오늘날 사르트르 철학을 다시 읽어야 하는가? 당연한 말이겠지만 우리가 여전히 인간 주체이기 때문이다. 탈인간을 주창하는 표어들이 고삐가 풀린 채 남용되고 소비되는 가운데, '인간'이라는 개념은 의문시되고 해체되며 급기야 수치스러운 것이 되고 있다. 주체중심주의를 비판하고 반인간주의를 표방하는 철학들이 곳곳에서 쏟아져 나와 경쟁하듯 서로를 갱신한다. 그러나 단 한 번도 '인간'이란 무엇인가가 주의 깊게 탐색된 적은 없다. 그저 앞선 견해를 따라 인간중심주의는 억압과 배제의 온상이며, 생태적 파국을 초래했다고 떠들어 대면 그만이다. 어차피 '인간'이 철지난 개념인 이상, 중요한 것은 솜씨 좋게 시류에 편승하는 일이다. 그 결과 '인간'이라는 단어는 더 이상 철학적 사유의 대상이 아닌 정치적 올바름의 부정적 지표로 기능하게 되었고, '주체'라는 개념은 책임이 아닌 혐의처럼 다루어지게 되었다. 누구도 그것을 탐구하지 않으면서 모두가 그것을 터부시하는 기묘한 공모 속에서 우리는 사고를 멈춘 채 같은 말만 반복한다. 그러나 인간이라는 개념은 낡지도 빛이 바래지도 않은 채, 한편으로는 우리가 따를 수 있는 최소한의 윤리적 지침으로, 다른 한편으로는 무거운 질책으로 되돌아올 수밖에 없다. 우리는 여전히 인간이며, 주체이고, 인간 주체인 한에서 선택해야 하기 때문이다.

이것이 오늘날 사르트르를 다시 읽어야 할 이유다. 사르트르가 보여 준 것은 인간이라는 존재가 어떤 방식으로 세계에 관계하고, 그 세계 속에서 책임지는 존재로 살아갈 수 있을지 묻는 철학적 성찰이었다. 사르트르는 인간을 모든 가치의 척도로 삼는 근대적 인본주의의 계승자가 아니었다. 오히려 인간에게는 그 어떤 본질도 없다는 선언을 통해 인간을 모든 본질주의로부터 탈구시켰다. 인간은 그저 자기 스스로 선택한 바에 따라 존재하는 존재다. 사르트르는 인간을 절대적 가치의 중심에 놓기보다는 자신의 자유를 감당해야 하는 실존적 주체로 위치 지었다.

우리는 사르트르를 뼈아픈 성찰의 대상으로서 대면해야 한다. 인간이 무엇인지조차 묻지 않은 채 인간 개념을 해체하고 탈-인간과 반-인간주의를 주창하는 손쉬운, 그러나 무책임한 답변은 결코 충분하지 않다. 사르트르가 요구한 것은 인간이라는 개념을 다시 신성화하거나 복권하는 일이 아니라, 인간으로 존재한다는 것의 무게와 책임을 끝까지 감당하는 일이었다. 이는 인간을 실천의 무게를 짊어진 주체로 다시 사유하는 일이다. 오늘날 인간 주체가 위기에 직면한 이유는, 단순히 인간이라는 개념이 낡아 버렸기 때문이 아니라, 인간이 자신의 자유와 책임을 외면한 채 그 자리를 기술·시스템·알고리즘에 이양했기 때문이다. 자본주의의 가속화, 빈발하는 기후 위기, 끝나지 않는 전쟁 속에서 우리는 다시 묻지 않을 수 없다. 누가 선택하는가? 누가 책임지는가? 이 질문은 여전히 인간 주체의 질문이며, 우리가 오래도록 잊고 있었으나 사르트르 철학을 통해 비로소 다시 마주하게 되는 가장 근본적인 물음일 것이다.

인간이 자신을 초월해 존재를 선택하고, 그 선택의 총체로서 자신의 본질을 구성한다는 사르트르의 명제는 지금 이 시대에도, 아니 지금 이 시대에야말로 절실한 울림으로 다가온다. 사르트르를 읽는다는 것은 인간을 찬미하는 일이 아니다. 그것은 인간의 조건을 다시 성찰하고, 우리가 직면한 위기의 중심에서 스스로를 주체로 다시 세우는 일이다.

이 책의 구성

이 책은 열 개 키워드를 중심으로 사르트르의 철학을 조망한다. 이 책의 길잡이가 되어 줄 열 개 키워드는 사르트르 철학의 핵심 저작인 ≪존재와 무≫를 중심에 두고 선정했다.

의식

사르트르는 후설 현상학의 의식의 '지향성' 개념을 계승해 의식을 고립된 실체가 아니라 언제나 '무엇에 대한' 지향적 활동으로 규정한다. 의식은 결코 자족적 존재가 아니며, 항상 자신의 바깥에 있는 대상을 향하는 본성을 지닌다. 사르트르는 이러한 의식의 활동성에 입각해 데카르트적 자아 개념을 비판하고, 실체적이고 내재적인 의식 개념을 탈피해 의식을 순수한 초월적 활동으로 규정한다.

자아의 초월성

사르트르는 데카르트에게서 비롯한 '내재성의 환상'을 비판하면서 의식을 내용물을 담는 용기가 아니라 대상을 향해 나아가는 활동으로 규정한다. 사르트르에 따르면 자아(Ego) 역시 의식 내에 자리한 실체가 아니다. 의식은 자아 없이도 작동하는 비인격적 활동이며, 이러한 익명적 의식이야말로 순수한 지향적 주체다. ≪자아의 초월성≫은 후설 현상학의 근본 개념인 지향성을 더욱 급진적으로 밀고 나아간 저작으로, 의식이 자아를 포함하지 않는다는 맥락에서 '무'로서의 의식을 드러낸다.

상상

≪상상력(L'Imagination)≫과 ≪상상계(L'Imaginaire)≫에서 사르트르는 전통적으로 과소평가되었던 상상력을 독

자적 인식 능력으로 규정한다. 중요한 것은 상상이 실재의 차원에 현전하지 않는 대상을 현재화하는 능동적인 초월적 행위라는 점이다. 상상은 현실을 넘어 새로운 가능성을 열어 가며 존재하지 않는 것을 구성하는 힘이다. 사르트르에게 상상은 현실에 구속되지 않는 인간 존재의 자유로운 본성을 상징하는 정신의 능력이다.

실존

사르트르는 '실존이 본질에 앞선다'는 명제로 인간 존재를 규정한다. 이는 인간이 어떤 고정된 본질 없이 존재하며, 자신의 선택을 통해 스스로의 본질을 구성해 나간다는 것을 의미한다. 따라서 인간은 자유로운 존재이며, 모든 선택은 그의 책임이다. 이 자유는 신의 존재를 전제할 수 없기 때문에 사르트르는 무신론을 선언하고, 그에 따라 인간의 전적인 자기책임을 강조한다.

자기의식

≪존재와 무≫에서 사르트르는 모든 인식이 자기의식을 동반한다고 본다. 즉 대상에 대한 정립적 의식에는 항상 자신이 그것을 의식하고 있다는 비정립적 자기의식이 병행된다. 사르트르는 이 구조를 통해 무의식을 가정하는

프로이트적 정신분석을 비판한다. 모든 행위는 본질적으로 의식의 자유로운 선택으로부터 비롯된다. 예컨대 격한 감정 속에서도 우리는 항상 '분노하는 나'를 의식할 수 있다. 이러한 자기대상화의 능력은 인간이 자신의 상태를 성찰하고, 그에 따라 자유롭게 결정할 수 있는 존재임을 보여 준다. 자기의식은 자유와 책임을 뒷받침하는 구조적 기반이다.

자기기만

사르트르의 자기기만 개념은 인간이 자신의 근본적 자유를 회피하는 기제에 대한 분석이다. 인간은 본질 없이 존재하는 자유로운 주체이지만, 때때로 자신을 고정된 존재로 간주함으로써 자유로부터 도피한다. 사르트르는 인간이 자기기만에 머물지 않고 자유와 책임을 자각할 때 진정한 주체로서의 존엄을 실현할 수 있다고 본다. 자기기만은 피할 수 없는 실존 조건이지만, 그것을 돌파하는 윤리적 노력이 필요하다.

무

사르트르의 존재론에서 '무(néant)'는 단순한 부정이 아니라 인간 존재의 구조를 구성하는 핵심 개념이다. 의식은 사신과 대상을 구분하고 자기 자신으로부터도 분리될 수 있는 능력을 지닌다. 사르트르에게 무는 인간이 자기를 초월하고 규정할 수 있는 자유의 존재론적 조건이자, 자기기만의 가능 조건이다.

타자

사르트르는 타자를 단순한 지각 대상이 아니라 나를 객체화하는 능동적 주체로 이해한다. 타자가 나를 바라보는 순간, 나는 더 이상 자유로운 주체가 아니라 타자의 세계 안에서 대상화된 존재가 된다. 사르트르는 나와 타자의 관계가 본질적으로 비대칭적이고 투쟁적임을 강조한다. 우리는 타자를 객체화하거나 타자에 의해 객체화되는 관계에 있으며, 두 주체가 대등하게 공존하는 이상적 상호주체성은 구조적으로 불가능하다. 그러나 이 역동적 대타 관계는 언제든 전도될 수 있다. 이로써 타자의 존재는 실존적 불안을 유발하는 동시에 나의 존재를 규정하는 필수 요소가 된다.

휴머니즘

≪실존주의는 휴머니즘이다(L'existentialisme est un humanisme)≫에서 사르트르는 실존주의가 인간의 자유를 강조

할 뿐 아니라 인간성에 대한 윤리적 책임을 수반하는 철학임을 분명히 한다. 인간은 자신의 실존을 통해 본질을 창조하는 존재이며, 모든 선택은 단지 개인적인 것이 아니라 인간 일반에 대한 규범적 선언이 된다. 나의 선택은 곧 '이런 식으로 인간이 존재해야 한다'는 보편적 기준을 창출하는 행위다. 사르트르는 이러한 선택의 보편성이 곧 책임의 근거라고 본다. 인간은 자기 자신뿐 아니라 인류 전체에 대해 책임을 져야 하는 존재다. 즉 인간성의 창조는 우리에게 주어진 실존적 과제다.

참여

사르트르는 실존주의가 결코 공허한 자유의 철학이 아니라 구체적 역사와 사회 속에서 실천을 요구하는 윤리적 철학임을 강조한다. 인간의 자유는 언제나 특정한 '상황' 속에서 실현되며, 이러한 인식은 '앙가주망' 개념으로 구체화된다. 앙가주망은 주체가 자신의 시대와 현실을 자각하고, 그에 대해 실천적으로 응답하는 태도를 의미한다. 참여는 선택의 자유에 수반하는 책임의 윤리적 실천이며, 인간이 자신의 존재를 형성하는 방식이자 세계에 대한 적극적 개입이다.

참고문헌

장폴 사르트르 지음, 변광배 옮김(2025). ≪존재와 무≫. 민음사.

Deleuze, G. & Parnet, C.(1996). *Dialogues*. Flammarion.

Foucault, M.(2001). L'homme est-il mort?. *Dits et écrits I: 1954~1969*. Gallimard.

차례

일러두기

- 인명, 작품명, 저서명, 개념어 등은 한글과 함께 괄호 안에 해당 국가의 원어를 병기했습니다.
- 외래어 표기는 현행 어문규정의 외래어표기법을 따랐습니다.

01
의식

사르트르는 후설 현상학의 의식의 '지향성' 개념을 계승해 의식을 고립된 실체가 아니라 언제나 '무엇에 대한' 지향적 활동으로 규정한다. 의식은 결코 자족적 존재가 아니며, 항상 자신의 바깥에 있는 대상을 향하는 본성을 지닌다. 사르트르는 이러한 의식의 활동성에 입각해 데카르트적 자아 개념을 비판하고, 실체적이고 내재적인 의식 개념을 탈피해 의식을 순수한 초월적 활동으로 규정한다.

프랑스 현상학의 탄생

사르트르의 철학은 20세기 프랑스 현상학의 태동과 전개에 핵심적인 역할을 했다. 당시 현대 철학을 대표한 것은 후설의 현상학과 이를 비판적으로 수용한 하이데거의 철학이었다. 사르트르는 당대 선풍적인 인기를 끌었던 후설과 하이데거의 철학을 독창적 방식으로 전유함으로써 프랑스 현상학의 독자적 흐름을 형성하는 데 기여했다.

프랑스 현상학의 고유한 특징은 무엇보다 추상적 사변을 넘어 실존과 자유, 불안, 책임, 타자 등 구체적 현실과 맞닿아 있는 문제에 관심을 두는 것이다. 사르트르는 후설 현상학의 본질주의적 경향성을 비판하고 초월론적 현상학을 실존론적 방향으로 전환함으로써 이후 프랑스 현상학이 나아갈 방향을 결정지었다. 물론 구체적 사태에 대한 관심은 이미 후설 현상학에 잠재해 있었다. 후설은 ≪순수현상학과 현상학적 철학의 이념들(Ideen zu einer reinen Phänomenologie und phänomenologischen Philosophie)≫에서 "'사태 자체로(Sachen selbst)' 되돌아가야 한다"(Husserl, 1976: §6, S.35)고 말했다. 현상학을 특징짓는 '사태 자체로'라는 구호는 후설 철학의 반(反)관념론적 성격을 명확히 드러낸다. 후설 현상학은 이미 시작에서부터 구체적 체험

(Erlebnis)에 근거한 탐구로 기획되었다. 그러므로 사르트르는 현상학 바깥의 이념을 도입함으로써 현상학으로부터의 단절을 시도한 것이 아니다. 오히려 사르트르는 자신만의 독창적 현상학을 수립하는 과정에서 후설 현상학의 근본 테제들을 후설보다도 더 철저하게 일관적으로 전개하고 해석했다.

사르트르 철학은 의식(conscience)에서 출발한다. 사르트르는 자신의 첫 철학서인 ≪자아의 초월성≫(1936)에서부터 대표작인 ≪존재와 무≫(1943), 마르크스주의의 영향하에 쓰인 ≪변증법적 이성 비판≫(1960)과 미완성 유고로 남겨진 최후의 작품 ≪도덕을 위한 노트≫(1983)에 이르기까지 다양한 주제와 규모의 방대한 저작들을 집필하면서도 결코 주체의 의식이라는 층위를 벗어나지 않았다. ≪실존주의는 휴머니즘이다≫(1946)에서 사르트르는 다음과 같이 말한다. "출발점에서는 '나는 생각한다, 고로 나는 존재한다'는 진리 말고 다른 진리가 있을 수 없습니다. 이것은 자기 스스로에게 도달한 의식이 보여 주는 절대적인 진리입니다."(사르트르, 2009: 64) 이 문장은 사르트르 철학의 데카르트적 면모를 분명히 드러내 보인다. 르네 데카르트(René Descartes)와 마찬가지로 사르트르는 인식의 최종 지반을 의식의 자기성, 즉 '나(Je)는 나(moi)다'라는 자기의식에 둔다.

지향성

물론 자기의식을 최종 심급으로 삼는 데카르트적 계보에 사르트르의 이름만 있는 것은 아니다. 데카르트로부터 시작된 의식 철학의 계보에는 이마누엘 칸트(Immanuel Kant)와 게오르크 빌헬름 프리드리히 헤겔(Georg Wilhelm Friedrich Hegel)은 물론이고 후설 역시 포함된다. 그러나 후설 현상학이 출발점으로 삼는 의식은 데카르트적 의식과는 구분된다. 그 차이는 무엇인가? 후설의 의식이 데카르트의 의식과 구분되는 지점, 나아가 사르트르가 후설의 현상학에서 계승한 것은 바로 의식의 '지향성(Intentionalität)'이라는 관념이다. 후설에 따르면 "모든 의식 작용은 지향적 체험이다. 모든 의식은 '그것이 지향하는 것(das, worauf sie sich richten)', 즉 지향적 대상을 갖는다"(Husserl, 1984: §1, S.11).

그렇다면 의식의 지향성이란 무엇인가? 의식의 지향성은 의식이 늘 '~에 대한' 의식임을 뜻한다. 의식은 사물처럼 고립된 채 존재하지 않는다. 한 권의 책, 한 자루의 연필은 그것을 둘러싸고 있는 다른 대상들과 상관없이 그 자신으로 존재한다. 이와 달리 의식은 늘 무엇에 '대해서' 존재한다. 의식은 언제나 자신 바깥의 대상에 관여하는 방식으로 존립한다. 의식의 본질을 이루는 것은 바로 이 지향성이다. 의식이 지향적 본성을 지닌다는 사실은 우리의 일상 경험에서도 잘 드러난다. 의식이 깨어 있는 동안 우리는 끊임없이 무언가를 지각하고 사유하며 상상한다. 의식은 외부의 사물이나 타인을 향할 수도 있고('오늘 날씨가 덥군', '저 사람은 낯이 익은데, 누구일까?'), 내면의 생각과 감정을 향해 그것을 지향적 상관물로 삼을 수도 있다('지금 내가 무슨 생각을 했지?', '왜 자꾸 불안한 기분이 들까?'). 의식이 고립된 것이 아니라 다른 무언가를 지향하는 본성을 지닌다는 사실은, 의식에게 '어떤 것도 지향하지 않을' 것을 지시할 수 없다는 사실에서 명백히 드러난다. 의식이 본성상 '~에 대한' 의식인 한, 의식에게 그 무엇도 지향하지 말라고 요청하는 일은 부조리하다. 의식에게 어떤 것도 지향하지 않을 것을 요구한 바로 그 순간 의식은 바로 그 요구의 의미에 대해, 혹은 요구를 받은 의식 자신에 대해 사유하기 시작할 것이기 때문이다.

더군다나 대상을 지향하는 의식의 활동은 무한히 자유롭기에 그 어떤 제약이나 강압을 가해도 가로막을 수 없다.

의식에게 어느 무엇도 지향하지 말 것('어느 무엇에 대해서도 생각하지 말라')을 요구할 수 없는 것과 마찬가지로, 우리는 의식에게 어떤 특정한 무언가를 지향하지 말라고('X에 대해 생각하지 말라') 요구할 수도 없다. 감옥에 갇힌 죄수는 자신을 둘러싼 물리적 조건에 의해 행동이 제약된 탓에 감옥에서 벗어날 수 없다. 그러나 그 어떤 제약과 구속도 이 죄수가 감옥에서 탈주하기를 상상하고 시도하는 것을 가로막지는 못한다. ≪존재와 무≫에서 사르트르는 마르셀 프루스트(Marcel Proust)의 ≪잃어버린 시간을 찾아서(À la recherche du temps perdu)≫의 주인공 마르셀의 불안을 사례로 들면서 어떤 강압에 의해서도 의식의 근본적 자유가 제약될 수 없다는 사실을 다음과 같이 기술한다.

> 사실 만일 사랑이 단순히 육체적 소유의 욕망이라면, 그 사랑은 많은 경우에 쉽사리 만족할 수 있을 것이다. 예컨대 자기의 정부를 자기 집에 거주케 하고, 하루 중 어느 때고 그녀를 볼 수 있고, 그녀를 소유할 수 있으며, 또 물질적으로도 그녀를 완전히 자기에게 의존하게 할 수 있는 프루스트의 주인공은 불안을 떨쳐 버릴 수 있어야 할 것이다. 그렇지만 사람들은 그가 반대로 근심에 사로잡혀 있음을 알고 있다. 마르셀이 알베르틴 곁에 있을 때조차도 알베르틴은 자신의 의식

> 에 의해 마르셀에게서 탈출한다. 이 이유로 마르셀은 알베르틴이 잠들어 있는 것을 바라보고 있는 동안에만 휴식을 맛볼 수 있을 뿐이다.(사르트르, 2025: 767-768)

왜 마르셀은 알베르틴에 대한 근심에서 벗어날 수 없는가? 이어지는 문장에서 사르트르가 결론짓듯, 사랑이 '의식'을 사로잡으려는 기도이기 때문이다. 그리고 이 기도는 결코 성취될 수 없다. 만일 사랑이 단순히 육체를 소유하려는 욕망이라면 이는 비교적 쉽게 충족될 수 있을 것이다. 그러나 사랑은 의식을 소유하려는 욕망이기에 결코 이루어질 수 없는 꿈이다. 마르셀에게 물질적으로 종속되어 있음에도 불구하고 알베르틴의 정신은 언제든 다른 누군가를 떠올리거나 그리워할 수 있다. 그 어떤 제약을 통해서도 의식이 다른 무언가를 지향하는 일을 가로막을 수는 없다. 바로 이러한 맥락에서 의식은 본성상 자유로운 것임이 드러난다.

데카르트적 의식과의 결별

의식은 내상을 지향하는 활동이며, 이러한 지향적 의식은 무엇에 의해서도 통제될 수 없는 근본적 자발성을 띤다. 데카르트적 의식은 바로 이 '의식의 지향성' 관념에 의해 비판된다. 데카르트는 '나'를 '사유하는 것'으로 규정한다. "[사유(cogitatio)]만이 나와 분리(divelli)될 수 없다.… 나는 정확히 말해 단지 하나의 사유하는 것(res cogitans)[이다.]" (데카르트, 2013: 46) 데카르트는 자기 자신을 다른 모든 대상으로부터 분리되어 존재하는 사유로 이해했다. '나는 생각한다. 고로 존재한다(Cogito ergo sum)'라는 유명한 명제 속에서 나의 존재는 다른 무엇과의 관계도 배제한 채 오로지 자기 자신의 사유에 의해 확실성을 보장받는다.

그러나 후설 현상학의 근본 테제인 의식의 '지향성'은 의식이 결코 고립된 실체일 수 없다는 사실을 알려 준다. 데카르트는 의식의 지향성을 알지 못했기에 의식을 고립된 사물과 같은 것으로 오인한 것이다. 우리는 잠을 자서 의식을 사라지게 할 수 있을지언정 의식을 무엇과도 연관되지 않은 채 존립하게 할 수는 없다. 의식은 '~에 대한' 지향적 활동으로 존립하는 것이지 사물처럼 그 자신만으로 존재할 수는 없기 때문이다.

사르트르가 후설 현상학에서 받아들인 의식의 '지향성'은 사르트르의 초기 저작인 ≪자아의 초월성≫(1936), ≪상상력≫(1936), ≪상상계≫(1940)의 공통 핵심이자 사르트르 철학의 근간을 이루는 관념이다. 사르트르는 의식의 지향적 본성에 착안해 데카르트 철학의 의식 개념을 비판할 뿐 아니라 전통 철학과 심리학이 암암리에 가정해 온 무비판적 전제인 '내재성의 환상'을 폭로하는 데로 나아간다.

참고문헌

르네 데카르트 지음, 이현복 옮김(2013). ≪성찰≫. 문예출판사.

장폴 사르트르 지음, 박정태 옮김(2009). ≪실존주의는 휴머니즘이다≫. 이학사.

장폴 사르트르 지음, 변광배 옮김(2025). ≪존재와 무≫. 민음사.

Husserl, E.(1976). *Ideen zu einer reinen Phänomenologie und phänomenologischen Philosophie. Erstes Buch: Allgemeine Einführung in die reine Phänomenologie.* Schuhmann, K.(hrsg.). Husserliana Band III/1. Den Haag: Martinus Nijhoff.

Husserl, E.(1984). *Logische Untersuchungen. Bd. II: Untersuchungen zur Phänomenologie und Theorie der Erkenntnis. Erste Abteilung: Die gegenständliche Bedeutung. Untersuchungen zur Ontologie, Logik und Erkenntnistheorie.* Den Haag: Martinus Nijhoff.

02
자아의 초월성

사르트르는 데카르트에게서 비롯한 '내재성의 환상'을 비판하면서 의식을 내용물을 담는 용기가 아니라 대상을 향해 나아가는 활동으로 규정한다. 아울러 자아 역시 의식 내에 자리한 실체가 아니라고 주장한다. 의식은 자아 없이도 작동하는 비인격적 활동이며, 이러한 익명적 의식이야말로 순수한 지향적 주체다. ≪자아의 초월성≫은 후설 현상학의 근본 개념인 지향성을 더욱 급진적으로 밀고 나아간 저작으로, 의식이 자아를 포함하지 않는다는 맥락에서 '무'로서의 의식을 드러낸다.

내재성의 환상

데카르트 철학의 문제는 의식을 고립된 실체로 간주했다는 것만이 아니다. 데카르트는 의식과 세계의 관계를 도외시하고 세계로부터 의식을 고립시켰을 뿐 아니라 의식을 그 안에 다른 무언가를 위치시킬 수 있는 일종의 공간처럼 이해했다. 즉 데카르트에 따르면 의식이 있고 그 의식 안에 자리한 '의식의 내용'들이 있다. 이로써 나무를 지각하는 일이란 곧 나의 의식 안에 나무의 표상이 들어오는 일이 된다. 사르트르는 이러한 종류의 사고방식을 '내재성의 환상(illusion d'immanence)'으로 명명한다. "이러한 환상은, 틀림없이, 공간 안에서 공간의 용어로써 사유하는 습관에서 기원한다. 우리는 이것을 내재성의 환상이라고 부를 것이다."(사르트르, 2010: 23)

후설 현상학의 관점에서 내재성의 환상이란 터무니없는 착각이다. 의식은 대상을 지향하는 '활동'일 뿐, 대상들이 자리할 수 있는 공간과 같은 것이 아니기 때문이다. 그러나 데카르트를 비롯해 데이비드 흄(David Hume)과 칸트까지도 의식을 외부에서 유래한 표상들이 자리하는 공간처럼 간주하는 '내재성의 환상'에 빠져 있었다. 이들에게 '안다'는 것은 '집어삼키는 일'이다. 이때 탁자, 바위, 집과 같은 의식 바깥의 대상들은 '의식의 내용'으로 환원된다. 즉 탁자는 지금 이 순간 지각되어 나의 의식에 들어선 탁자의 표상인 것이다. 탁자를 인식하는 일은 외부 대상인 탁자를 의식 내의 '탁자의 표상'으로 환원하는 일로 간주된다. 이에 따라 인식의 참/거짓은 의식 내의 표상이 의식 바깥의 실재와 일치하는지 불일치하는지의 문제, 곧 주관적 의식 내에 있는 탁자의 표상에 대응하는 객관적 실재로서 탁자가 존재하는지의 문제가 되어 버린다.

사르트르는 이러한 내재성의 환상을 벗어나기 위한 출구를 후설 현상학에서 발견한다. 후설이 말하듯 의식이 대상을 지향하는 순전한 활동일 뿐이라면, 의식은 공간이 아니기에 의식 내부의 표상이란 있을 수 없으며 의식 내에 자리한 표상으로 오인되어 온 것은 의식 '바깥'의, 곧 세계 내에 있는 대상이 된다. 사르트르는 1939년 발표한 논문 "후설 현상학의 근본이념: 지향성(Une idée fondamentale de la phénoménologie de Husserl: l'intentionnalité)"에서 의식 바깥의 대상을 의식이 집어삼킨 내용으로 간주해 온 전통 철학 및 심리학을 '소화 철학(la philosophe digestive)'으로 규정하며, 그러한 전통 철학의 무비판적 선입견에 대항해 대상은 의식 내 표상이 아니라고 역설한다. 나무 한 그루를 지각하는 일은 결코 의식 안으로 나무의 표상을 들이는 일이 아니다. 지금 당신이 바라보고 있는 나무는 의식 내부의 표상이 아니라 세계 내에 있는 나무다.

> 확실히 당신은 지금 이 나무를 보고 있다. 당신은 나무가 있는 바로 그 자리에서 이 나무를 보고 있는 것이다. 지중해 연안에서 스무 리 떨어진 그곳에서,… 작열하는 열기 아래 먼지의 한가운데에서, 바로 그 길가에서. 이 나무는 당신의 의식 안으로 들어갈 수 없다. 왜냐하면 그것은 당신의 의식과는 다른 본성을 가지고 있기 때문이다.(Sartre, 1947: 29-30)

의식의 지향적 대상으로서 나무는 의식 바깥에 존재한다. 나무가 있는 곳은 뜨거운 햇볕이 쏟아지며 부옇게 먼지가 날리는 도로변이지, 의식 내부가 아니다. 의식에는 어떤 내용물도 들어 있지 않다. 더 정확히 말하자면, 의식은 공간적인 것으로 이해될 수 있는 관념이 전혀 아니다. 의식은 단지 대상을 지향하는 활동일 뿐이다. 이것이 바로 후설의 의식의 지향성이 알려 주는 바다. 사르트르는 데카르트의 의식 개념과 후설의 의식 개념 간 차이를 다음과 같이 제시한다. "[후설 현상학의] 의식은 전적으로 가볍고, 전적으로 반투명하다. 바로 이 점에서 데카르트의 코기토와 후설의 코기토는 확연히 구분된다."(사르트르, 2017: 37-38)

데카르트는 의식을 공간과 같은 것으로 오인했고, 그 결과 의식에 너무 많은 것을 집어넣어 의식을 둔중하게 만들어 버렸다. 이와 달리 후설 현상학에서 의식은 대상을 지향하는 운동, 자기 바깥의 대상을 향하는 순전한 활동성이다.

익명의 의식

흥미로운 것은 사르트르가 후설 현상학의 핵심인 의식의 '지향성'을 수용하면서도 바로 이 근본이념을 통해 후설의 한계를 비판했다는 사실이다. ≪자아의 초월성≫에서 사르트르는 의식의 지향성이라는 현상학의 이념을 일관적으로 사유하는 가운데 후설 철학에 내재한 모순을 밝혀낸다.

문제는 후설이 여전히 전통 철학과 마찬가지로 의식 '안에' 자아가 있는 것처럼 말한다는 데 있다. 후설은 ≪논리 연구(Logische Untersuchungen)≫에서 자아를 의식의 종합적이며 초월적인 산물로 규명했으나, ≪순수현상학과 현상학적 철학의 이념들≫에서는 다시 전통적 견해로 되돌아가 '나'가 모든 의식의 배후에 있는 의식의 필연적 구조라고 말한다. 한편 사르트르는 ≪자아의 초월성≫에서 자아를 의식 내의 거주자(habitant)로 사유해 온 전통적 선입견에 대한 비판을 과제로 삼는다.

> 대부분의 철학자들에게 '자아'는 의식의 '거주자'다.… 그러나 우리는 여기에서 '자아'가 형식적으로도 질료적으로도 의식 '안에' 있지 않다는 것을 보이고자 한다. 자아는 의식의 바깥에, '세계 안에' 있다. 타인의 자아와 마찬가지로, 그것은 세계의 한 존재다.(사르트르, 2017: 17-18)

사르트르의 논리는 간결하다. 후설이 말하듯 의식의 본성이 지향성이라면, 즉 의식이 자신을 초월해 자기 바깥의 대상을 지향하는 본성을 지닌다면, 의식에 의해 지향되는 대상인 '나' 역시 의식 내에 자리한 거주자가 아니라 의식의 대상으로서 의식 바깥에 있어야 한다는 것이다. 따라서 자아는 의식 바깥의 초월적(transcendant) 대상이며, 의식은 '나'가 없는 '선(先)인격적인(prépersonnel)' 익명적 의식이다.

사르트르는 후설에게서 의식과 나를 분리 불가능한 것으로 연관 짓는 선입견을 발견한다. 그러나 '의식'과 '나'라는 두 개념은 구분되어야 한다. 우리가 특정한 의식으로서 존재하는 것은 분명한 사실이다. 우리는 '이 의식'으로서, 곧 제한된 관점으로서 세계 내에 위치한다. 그런데 '인격적 나'는 정말로 의식에 필연적으로 수반되는가? 사람들은 데카르트를 따라 '나는 생각한다. 고로 존재한다'고 말해 왔다. 그러나 심리·생리적 자기 개념은 의식 그 자체가 아니라 그러한 의식에 덧붙은 것에 불과하다. 의식이란 언제나 익명적 의식, 즉 민족, 성별, 기질 따위의 어떤 내용적 특성도 갖지 않는 조망이며, 정체성을 지닌 인격적 '나'는 이러한 익명적 의식에 주어지는 표상이다.

이처럼 사르트르는 ≪자아의 초월성≫에서부터 의식이 그 안에 어떤 내용물도 가지고 있지 않다는 사실, 즉 의식은 전적인 무(無)라는 사실을 드러낸다. 의식은 그 어떤 내용물도 갖지 않는 순전한 지향적 활동에 불과하다는 것, 이것이 바로 사르트르가 ≪존재와 무≫에서 세계를 존재(être)와 무(néant)로 양분할 때 '무'라는 개념을 통해 의미하는 바다. 의식은 그 자체로 텅 빈, 아무런 내용도 가지고 있지 않은 전적인 '무'다. 그리고 이 '무' 개념은 사르트르 실존철학의 핵심인 '자유'의 존재론적 바탕이 된다. 인간 존재가 근본적으로 자유로운 것은 인간 존재에게 그 어떤 본성도 앞서 주어지지 않기 때문이다.

참고문헌

장폴 사르트르 지음, 현대유럽사상연구회 옮김(2017). ≪자아의 초월성≫. 민음사.

장폴 사르트르 지음, 윤정임 옮김(2010). ≪상상계≫. 기파랑(에크리).

Sartre, J.-P.(1947). Une idée fondamentale de la phénoménologie de Husserl: l'intentionnalité. *Situations I*. Gallimard.

03
상상

≪상상력≫과 ≪상상계≫에서 사르트르는 전통적으로 과소평가되었던 상상력을 독자적 인식 능력으로 규정한다. 중요한 것은 상상이 실재의 차원에 현전하지 않는 대상을 현재화하는 능동적인 초월적 행위라는 점이다. 상상은 현실을 넘어 새로운 가능성을 열어 가며 존재하지 않는 것을 구성하는 힘이다. 사르트르에게 상상은 현실에 구속되지 않는 인간 존재의 자유로운 본성을 상징하는 정신의 능력이다.

이미지란 무엇인가

사르트르는 1936년 첫 철학서인 ≪자아의 초월성≫을 발표한 데 이어 이미지의 본성에 관한 현상학적 탐구인 ≪상상력≫(1936)과 ≪상상계≫(1940)를 출간한다. ≪상상력≫과 ≪상상계≫는 본래 사르트르의 학위 논문을 발전시킨 저작 ≪이미지(L'image)≫의 일부였으나, 펠릭스알캉출판사(Librairie Félix Alcan)의 권유에 의해 각기 다른 시기에 분리되어 출판된다. 전통 철학·심리학의 이미지 이론에 대한 비판은 1936년 "상상력"이라는 표제하에 펠릭스알캉출판사에서 출간되었으며, 이를 바탕으로 개진된 사르트르 자신의 독창적인 상상력 연구는 1940년 "상상계"라는 제목으로 출판사 갈리마르(Gallimard)에서 출간된다.

≪상상력≫과 ≪상상계≫를 이끄는 것은 '이미지란 무엇인가(Qu'est-ce qu'une image?)'라는 물음이다. 전통 철학에서 이미지는 올바른 인식을 방해하는 '가상'으로, 상상력은 지성보다 '열등한 인식 능력'으로 간주되어 왔다. 그러나 ≪상상력≫에서 사르트르는 이미지와 상상력에 관한 전통 철학의 부정적 선입견을 비판하고, 상상의 의미를 새롭게 규명한다.

아날로공

상상에 대한 연구에서도 핵심 개념은 '지향성'이다. ≪자아의 초월성≫에서 사르트르가 현상학의 지향성 이념에 착안해 의식에서 '자아'를 내쫓았다면, ≪상상력≫과 ≪상상계≫에서 추방의 대상이 되는 것은 '이미지(image)'다.

이미지란 무엇인가? 사르트르의 이미지론은 상상에 고유한 인식 능력이라는 지위를 부여하면서 시작한다. 전통 철학에서 인간의 정신적 능력은 흔히 사유와 지각으로 구분되었으며, 상상은 독자적 인식 능력으로 인정받지 못했다. 상상은 사유 혹은 지각이 변모한 하위 인식 능력으로 이해되어 왔다. 곧 상상은 강등된 사유 혹은 지각이 변형된 양상으로 간주되었다. 이와 달리 사르트르는 '상상'이 사유 그리고 지각과 구분되는 독자적 인식 능력이며, '이미지' 역시 실재를 모사한 재현이 아니라 상상이라는 특수한 인식 행위의 대상임을 보여 준다. 이를 위해 사르트르는 '아날로공(analogon)'이라는 개념을 도입한다.

사르트르에 따르면 지금껏 사람들이 '이미지'로 착각해 온 것은 사실 '아날로공'에 불과하다. 그렇다면 아날로공이란 무엇인가? 아날로공은 상상 이미지가 성립하기 위한 매개 혹은 지지체를 의미한다. 예컨대 오랫동안 만나지 못한 옛 친구의 얼굴을 떠올릴 때 우리는 그의 모습이 담긴 사진이나 그림의 도움을 받을 수 있다. 이때 친구의 얼굴을 지각하고 있다고 착각하게 만드는 매개적 대상(영상, 사진, 초상화, 캐리커처 등)이 바로 아날로공이다. 아날로공은 지각적 대상을 닮은 유사물로, 상상을 위한 기반이 되지만 그 자체로 상상의 대상은 아니다.

상상은 실제 사물(예컨대 인화된 사진)과 그것이 가리키는 상상적 대상(사진을 통해 떠올리는 옛 친구) 사이에서 일어나는 특유한 지향적 전이를 수반한다. 중요한 것은 사진을 소재로 옛 친구를 이미지로서 떠올릴 때 우리의 관심사는 사진을 구성하는 지각적 차원의 요소들이 아니라는 사실이다. 사진의 구도, 색감, 해상도, 표면의 광택 따위의 실재적 요소들은 우리의 주의를 끌지 못한다. 이러한 요소들에 관심을 갖는 순간 우리는 상상이 아니라 지각의 차원에 진입하게 된다. 그러나 우리의 관심사가 지각이 아니라 상상이라면, 이 사진에서 우리의 관심을 사로잡는 것은 사진에 포착된 앳된 소년의 얼굴이 내 기억에 남아 있는 십여 년 전 친구의 얼굴과 동일하다는 사실이다. 정확히 말하자면 이 소재란 인화지에 현상된 색의 불규칙한 얼룩일 뿐이다. 그럼에도 우리는 전이를 통해 상상의 소재인 아날로공을 초월하고, 지금 그가 현전하지 않는 이곳에 상상의 대상으로서 그를 불러온다.

전통 철학은 아날로공을 이미지와 혼동했다. 이미지를 '잘못된 지각' 또는 '인식론적 가상'처럼 간주하고 이미지를 터부시해 온 것은 바로 이러한 혼동 때문이다. 그러나 이미지는 결코 잘못된 지각이 아니다. ≪상상력≫에서 사르트르는 다음과 같이 말한다.

> 나는 앉아 있고, 글을 쓰고, 나를 둘러싸고 있는 객체들을 보고 있다. 그리고 어느 순간 나는 친구 피에르의 이미지를 마음속에 떠올린다. 그 이미지가 나타난 바로 그 순간에 내가 그것이 하나의 이미지임을 알고 있었다는 사실은 세상 어떤 학설을 가지고도 부정할 수 없을 것이다.(사르트르, 2010a: 153)

내가 피에르의 이미지를 떠올릴 때 나는 무언가를 잘못 지각하고 있는 것이 아니다. '만일 지금 이곳에 피에르가 있다면…'이라고 생각하며 피에르에 관해 상상할 때, 나는 그를 지각의 대상으로서, 즉 지금 내 눈앞에 현전하는 것으로서, '거기에 있는 것'으로서 겨냥하는 것이 아니다. 상상하는 의식이 겨냥하는 피에르는 지각의 대상인 실재로서 피에르가 아니라 이미지로서 피에르다. 나는 내가 이곳에 현전시킨 상상적인 피에르를 결코 실재의 피에르와 혼동하지 않는다. 피에르를 상상하려면 나는 그가 이곳에 현전하지 않는다는 사실을 명백히 인지하고 있어야 한다. 무엇보다 이미지로서 피에르를 이곳에 현전케 할 수 있는 조건은 실재 차원에서 피에르의 부재이기 때문이다.

초월

이제 우리는 사르트르의 상상력 이론의 핵심에 도달했다. 사르트르는 상상하기 위해 다양한 종류의 아날로공을 경유할 수 있다고 말한다. 우리는 옛 친구인 피에르를 상상하려 할 때 사진, 초상화, 캐리커처 혹은 그의 음성이 녹음된 음원 등 물질적 기반을 지닌 소재들의 도움을 받을 수 있으며, 피에르에 대한 애틋하고 그리운 감정을 소재로 그를 현전케 할 수도 있다. 물론 이러한 소재가 반드시 요구되는 것은 아니다. 우리는 그 어떤 소재의 도움도 받지 않고 그저 눈을 감은 채 순전한 '심적 이미지(mental image)'로서 피에르를 떠올릴 수도 있기 때문이다.

그런데 사르트르는 이 모든 다양한 상상 활동이 지닌 공통점을 발견한다. 그것이 어떤 소재를 경유하든, 혹은 그 어떤 소재의 도움도 받지 않는 순전한 심적 이미지라 하더라도 모든 상상은 본질적으로 '지각되지 않는 것을 지각하는 것', 즉 결여된 대상을 현재화하는 활동이다. 바꾸어 말하자면 상상이란 '무화(néantisation)'하는 의식의 작용이다. 지각과 상상이라는 서로 다른 의식 활동을 구분하는 핵심이 바로 여기에 있다. 지각은 실제의 사물 자체에 대해 열려 있는 의식의 태도다. 지각 의식은 자신이 지향하는 대상을 실재로 정립한다. 곧 대상에 대한 지각과 지각적 대상에 대한 존재의 정립은 동시에 이루어진다고 해도 과언이 아니다. 이와 달리 상상은 그 사물이 실제로 존재하지 않음에도 마치 있는 것처럼 대상을 현전시키는 의식의 능동적 구성 행위다.

상상 의식의 고유한 특징은 그것이 '무화'하는 의식이라는 데 있으며, "무는 상상적인 것을 향해 세계를 초월하는 소재"(사르트르, 2010b: 333)다. 여기서 사르트르는 상상력이 지닌 본질적 특징으로서 '초월(transcendance)'을 강조한다. 상상하는 의식은 항상 대상의 부재를 넘어서고, 현실에 결여된 것을 '거기 있듯이' 등장시킨다. 이것이 바로 상상이 지닌 초월의 구조다. 예컨대 사랑하는 이가 우리 곁에 부재할 때, 우리는 그 사람을 상상하며 그와 함께 있는 듯 그 사람을 떠올리곤 한다. 이러한 상상 의식은 단순히 결핍된 지각 혹은 왜곡된 시각이 아니라 오히려 현실을 넘어서려는 의식의 능동적 초월 행위다. 요컨대 상상은 의식이 지닌 자유로운 본성을 드러내는 근본 특성이다.

사르트르에게 상상은 인간 의식의 자유와 직결된다. 상상은 존재하지 않는 것을 사유하며 지금 이곳에 현전케 하는 자유로운 운동이다. 상상하는 인간은 단지 있는 것을 파악하는 존재가 아니라 없는 것을 구성함으로써 자신과 세계를 새롭게 열어 가는 존재다. 바로 이 지점에서 상상은 곧 인간 자유의 다른 이름이다. 즉 상상은 현실에 구속되지 않은 채 현실 너머의 가능성을 형성하는 힘이다.

참고문헌

이솔(2023). ≪이미지란 무엇인가≫. 민음사.
장폴 사르트르 지음, 지영래 옮김(2010a). ≪상상력≫. 기파랑(에크리).
장폴 사르트르 지음, 윤정임 옮김(2010b). ≪상상계≫. 기파랑(에크리).

04
실존

사르트르는 '실존이 본질에 앞선다'는 명제로 인간 존재를 규정한다. 이는 인간이 어떤 고정된 본질 없이 존재하며, 자신의 선택을 통해 스스로의 본질을 구성해 나간다는 것을 의미한다. 따라서 인간은 자유로운 존재이며, 모든 선택은 그의 책임이다. 이 자유는 신의 존재를 전제할 수 없기 때문에 사르트르는 무신론을 선언하고, 그에 따라 인간의 전적인 자기책임을 강조한다.

실존은 본질에 앞선다

사르트르의 초기 저작들이 후설 현상학의 영향하에서 이루어진 감정, 자아, 상상력 등 다양한 주제들에 관한 탐구였다면, 이후 사르트르는 본격적으로 자신만의 현상학적 존재론 체계를 형성하는 데로 나아간다. 사르트르의 철학을 대표하는 저작은 "현상학적 존재론의 시론(Essai d'ontologie phénoménologique)"이라는 부제가 붙은 ≪존재와 무≫(1943)다. 사르트르는 제2차 세계대전 중에 이 책을 출간했고, 출간 2년 후인 1945년 10월 29일 "실존주의는 휴머니즘이다"라는 제목의 대중 강연을 했다. 해방 직후의 격동적 시기, 파리 시민 수천 명이 모여든 맹트낭 클럽(Club Maintenant)에서 사르트르는 실존주의가 무엇인지 표명함으로써 자신의 철학적 입장을 명확히 밝혔다. 이 강연의 내용은 이후 동명의 책 ≪실존주의는 휴머니즘이다≫(1946)에 담겼다.

사르트르에 따르면 실존주의를 규정할 수 있는 근본 명제는 다음과 같다. 대자적 존재(être-pour-soi)에게 "실존은 본질에 앞선다(l'existence précède l'essence)"(사르트르, 2009: 29). 여기서 대자적 존재란 무엇인가? 사르트르는 존재하는 모든 것을 두 종류로 구분한다. 즉자(en-soi, in-itself)와 대자(pour-soi, for-itself)가 그것이다. 즉자란 그 자체로 존재하는 것, 곧 스스로 완결된 존재를 의미한다. 인간 존재를 제외한 모든 것[가령 바위, 탁자, 동·식물, 심지어 신(dieu)까지도]은 본질이 결정된 존재자로서 즉자적 존재(être-en-soi)다. 반면 대자란 의식을 가진 존재로, 늘 무언가를 지향하는 본성을 지닌 존재다. 즉 대자적 존재는 자기 자신조차 의식하는 존재인 인간을 가리킨다. 사르트르에 따르면 대자적 존재인 인간은 그 어떤 결정된 본질도 없이 존재한다. 반대로 즉자적 존재인 사물은 존재에 앞서 본질이 미리 결정되어 있다.

사물에서 '본질이 존재에 앞선다'는 사실은 도구가 만들어지는 과정을 통해 쉽게 확인할 수 있다. 예컨대 연필 한 자루는 어떻게 만들어지는가? 도구는 사용되기 위해 제작된다. 연필의 목적은 스케치를 하거나 필기를 하는 데 있다. 곧 도구의 생산은 목적을 전제한다. 도구의 재료와 형태는 그 목적에 따라 결정된다. 연필은 스케치를 목적으로 제작되기에 손에 쥐기 좋은 크기와 두께를 지녀야 하며, 심이 닳으면 깎아 낸 뒤 사용해야 하기 때문에 적정한 힘으로도 표면을 깎아 낼 수 있는 경도의 나무로 흑연을 감싸야 한다. 만약 한 손에 들어가지 않는 지나치게 큰 크기의 연필이나 쇠로 만들어진 연필이 있다면, 그것은 연필 본연의 기능을 상실할 것이다. 이처럼 사물은 선행하는 본질에 맞추어진 형태로 만들어진다. 그러나 인간에게는 미리 주어진 그 어떤 본질도 없다. 의식은 늘 자신 바깥의 대상을 지향하는 의식이며, 그 안에 어떤 내용물도 갖지 않는 텅 빔, 곧 무(無)를 본성으로 하기 때문이다. 이처럼 사르트르는 후설 현상학의 지향성 개념에 따라 의식적 존재인 인간에게는 미리 주어진 그 어떤 본질도 있을 수 없다는 결론을 도출한다. 대자적 존재의 본질은 그의 실존 이후에 만들어지는 것이다.

인간은 인간 스스로가 구상하는 무엇이며 또한 인간 스스로가 원하는 무엇일 뿐입니다. 인간은 이처럼 실존 이후에 인간 스스로가 구상하는 무엇이기 때문에, 또 인간은 실존을 향한 이 같은 도약 이후에 인간 스스로가 원하는 무엇이기 때문에, 결국 인간은 인간 스스로가 만들어 가는 것과 다른 무엇이 아닙니다. 이것이 바로 실존주의의 제1원칙입니다. 또한 이것은 사람들이 주체성이라고 부르는 것이기도 합니다.… 이 주체성이라는 말로 우리는 인간은 먼저 실존한다는 사실을, 즉 인간은 우선적으로 미래를 향해서 스스로를 던지는 존재요, 미래 속에 스스로를 기투하는 일을 의식하는 존재라는 사실을 말하고자 [합니다.] 인간은 이끼나 부패물 또

> 는 꽃양배추가 아닙니다. 인간은 우선 주체적으로 자기의 삶을 살아가는 하나의 기투(企投, projet)인 것입니다. 이 기투 이전에는 아무것도 없습니다.(사르트르, 2009: 33-34)

인간에게서 실존이 본질에 앞선다는 것은, 미리 정해진 그 어떤 본질도 없기 때문에 자신이 누구인지는 오로지 자기에 의해 알려짐을 의미한다. 그렇다면 자신이 무엇인지는 어떻게 알려지는가? 바로 의식에 의해 이루어지는 '선택'을 통해 알려진다. 인간은 그 자신이 그렇게 되기 위해 기투하는 무엇이며 스스로 선택한 무엇이다. 예컨대 내가 이타적인 사람이라는 것은 어떻게 알려지는가? 나의 이타적 인격은 타인에게 나의 몫을 나눠 주는 행위 속에서, 이기심을 억누르고 나보다 타인의 입장을 먼저 생각하고 배려하는 매 순간의 선택 속에서만 알려진다. 사르트르의 실존주의 철학에서는 선천적인 선함도 악함도 한낱 형이상학적 가설에 지나지 않는다. 이타적 인격은 오직 내가 가질 수도 있었을 재화와 기회를 타인에게 양도하는 선택 하나 하나를 통해 형성되는 것이기 때문이다.

무신론적 실존주의

이렇듯 의식 안에 그 어떤 본질도 내재하지 않으므로, 인간 본성을 가정해 온 모든 전통적 사고방식, 가령 인간은 신의 모상을 따라 창조되었다거나 신의 본질을 분유하고 있다는 관념, 무엇보다 '신에 의해 창조된' 피조물로서 기독교적 인간 개념이 부정된다.

> 우리가 창조적인 신을 상상할 때, 대부분의 경우 신은 탁월한 장인에 비유됩니다.… 또 우리는 신은 창조를 할 때 그 자신이 창조하는 것에 대해서 정확하게 알고 있다고 인정합니다. 이런 의미에서 신의 정신 속에 있는 인간의 개념은 공예가의 정신 속에 있는 종이 자르는 칼에 대한 개념에 비유될 수 있습니다. 즉 마치 장인이 그 어떤 정의와 기술을 따라서 종이 자르는 칼을 제작하는 것과 꼭 마찬가지로, 신이 기술과 그 어떤 개념을 따라서 사람을 생산하는 것입니다. 개별적인 인간은 이처럼 신적인 오성 속에 있는 그 어떤 개념을 실현하는 것입니다.(사르트르, 2009: 31)

만일 우리가 창조주로서 신에 의해 만들어진 것이라면, 우리의 본질은 신에 의해 이미 결정되어 있을 수밖에 없다.

신은 개념상 전지전능한 존재이기에 자신이 만드는 것이 무엇인지 모른 채 우리를 만들어 낼 수 없다. 따라서 사르트르는 대자적 존재의 자유를 확립하기 위해 기독교적 신 개념을 부정하고 무신론을 선언한다. "무신론적 실존주의는 선언합니다. 만약 신이 없다고 한다면, 실존이 본질에 앞서게 되는 어떤 한 존재, 그 어떤 개념으로 정의될 수 있기 이전에 실존하는 어떤 한 존재가 반드시 있어야 한다고 말입니다."(사르트르, 2009: 32)

사르트르는 신 없는 세계 속에서 인간의 실존을 사유하며, '자유(liberté)'를 실존의 본질로 규정한다. 인간은 본질이 없는 존재이기에 자신이 무엇이 될지는 오직 스스로의 선택을 통해 결정된다. 이 자유는 단순한 가능성의 조건이 아니라 그 어떤 선택도 타인이나 외부의 결정으로 환원될 수 없다는 의미에서 인간 존재의 구조적 토대다. 그런데 이 자유의 자각은 독특한 정서적 체험을 수반한다. 바로 불안(angoisse)이다.

불안

불안은 특정 대상에 대한 두려움이 아니다. 불안은 나 자신의 존재가 본질 없이 무한히 열려 있다는 사실, 그럼에도 내가 나 자신의 삶에 대해 전적인 책임을 져야 한다는 자각에서 비롯된다. "불안은 자유 자체에 의한 자유의 반성적 파악이다."(사르트르, 2025: 131)

불안이란 의식의 배후에서 우리의 선택을 도와줄 그 어떤 보편적 법칙이나 가치가 없음을 알려 주는 감정이다. 사르트르는 불안에 대해 다음과 같이 설명한다.

> 키르케고르가 아브라함의 불안이라고 불렀던 것이 바로 이 불안입니다. 여러분은 이 이야기를 아실 것입니다. 한 천사가 아브라함에게 그의 아들을 제물로 바치라고 명령했습니다. 이때 그에게 와서 너는 아브라함이니 너의 아들을 제물로 바치라고 말한 것이 정말 천사라면 아무런 문제가 없습니다. 하지만 각자는 이렇게 자문해 볼 수 있습니다. 우선 그것이 정말 천사일까? 내가 정말 아브라함일까? 무엇이 내게 이것을 증명할 것인가?(사르트르, 2009: 39)

여기서 아브라함에게 그 말을 전해 준 것이 천사이며 자신이 바로 신의 종인 아브라함이라는 확신을 줄 수 있는 것은 아브라함 자신의 자유로부터 비롯된 선택 외에는 아무것도 없다. 아브라함이 느끼는 불안은 판단에서 그 어떤 것에도 의존할 수 없다는 사실로부터 비롯된다. 즉 판단을 결정짓는 최종 심급이 단지 나 자신이라는 사실이 우리에게 불안이라는 감정을 느끼게 하는 원인이다.

사르트르는 불안을 피하거나 덜어 내기 위해 우리가 의지하는 통상적 근거, 예컨대 절대선, 신의 섭리 또는 생물학적 본성 같은 것들을 모두 제거한 상태에서 인간 실존의 본질을 사유한다. 불안은 인간 존재가 피할 수 없는 근본적 정서다. 인간은 도피할 수 없는 자유의 운명을 짊어지고 있기 때문이다. 불안은 인간이 더 이상 자신의 행동을 신이나 본성의 탓으로 돌릴 수 없을 때 생겨나는 정서, 곧 전적인 책임의 정서다. 따라서 사르트르에게 불안은 자유의 증거이자 그 무게를 의식하는 주체적 존재로서 인간만이 경험할 수 있는 실존의 핵심 정서다. 불안은 인간이 자기 존재의 근거를 자기 자신 안에서 찾아야 한다는 실존의 명령과도 같다. 인간은 곧 자기 자신의 입법자이며, 바로 그 자유 속에서 인간은 실존한다.

참고문헌

장폴 사르트르 지음, 박정태 옮김(2009). ≪실존주의는 휴머니즘이다≫. 이학사.

장폴 사르트르 지음, 변광배 옮김(2025). ≪존재와 무≫. 민음사.

05
자기의식

≪존재와 무≫에서 사르트르는 모든 인식이 자기의식을 동반한다고 본다. 즉 대상에 대한 정립적 의식에는 항상 자신이 그것을 의식하고 있다는 비정립적 자기의식이 병행된다. 사르트르는 이 구조를 통해 무의식을 가정하는 프로이트적 정신분석을 비판한다. 모든 행위는 본질적으로 의식의 자유로운 선택으로부터 비롯된다. 예컨대 격한 감정 속에서도 우리는 항상 '분노하는 나'를 의식할 수 있다. 이러한 자기대상화의 능력은 인간이 자신의 상태를 성찰하고, 그에 따라 자유롭게 결정할 수 있는 존재임을 보여 준다. 자기의식은 자유와 책임을 뒷받침하는 구조적 기반이다.

자유의 근거

사르트르가 무신론적 실존주의를 표방한 것은 대자적 존재의 '자유'가 '신으로부터의 창조'라는 전통적 관념과 상충되기 때문이다. 신이 지혜롭다면 어떻게 자신이 만들어 내는 것이 무엇인지도 모른 채 무언가를 만들 수 있겠는가? 신이 있다면 피조물의 운명은 신적 지성 안에서 이미 결정되어 있을 수밖에 없다. 결국 신의 존재는 인간 자유의 절대성을 침해하며, 이는 사르트르가 신 없는 존재론을 채택한 이유다. 사르트르에게 신의 부재는 인간이 스스로를 규정하는 존재라는 주장을 가능케 하는 전제 조건이다. 사르트르는 신의 존재를 부정함으로써 인간이 자신의 본질을 결정짓는 주체로 남을 수 있다고 본다. 인간은 자신의 행위와 선택을 통해 끊임없이 자신을 만들어 가는 존재다.

이처럼 사르트르 철학에서 인간 존재의 자유는 단순한 도덕적 이상이나 정치적 권리에 대한 주장이 아니라 존재론적 차원의 명제다. 곧 자유는 선택 가능성에서 도출되는 심리적 상태가 아니라 인간이 존재하는 방식 자체에 내재한 구조적 특성이다. 그런데 인간은 정말로 자유로운가? 인간 존재가 본성적으로 자유롭다는 주장의 근거는 무엇인가?

의식의 본질적 구조

인간 존재의 근본적 자유는 의식의 본질적 구조를 통해 드러난다. 사르트르는 인간 존재를 의식을 지닌 대자적 존재로 규정하며, 이때 의식의 첫 번째 특성은 '지향성'이다. 의식은 세계 내의 다양한 대상들을 (그것이 유형성을 띠는 물리적 실재든 관념에 불과한 추상적 실재든) 지향하며, 심지어 자기 자신까지 지향적 대상으로 삼을 수 있다. 그렇다면 의식은 어떻게 막연한 지향을 넘어 대상에 대한 '인식(connaissance)'으로 거듭날 수 있는가? ≪존재와 무≫에서 사르트르는 의식이 대상에 대한 인식이기 위한 조건을 다음과 같이 제시한다.

> 인식하는 의식이 그 대상'에 대한' 인식이기 위한 필요충분조건은, 이 의식이 그 인식이면서도 그 자신에 대한 의식이기도 한 것이다. 이것은 필요조건이다. 만일 나의 의식이 책상에 대한 의식인 것'에 대한' 의식이 아니라면, 그 결과 나의 의식은 이 존재에 대한 의식 없이 이 책상에 대한 의식이 되거나, 또는 이렇게 말한다면 자기를 모르는 의식, 즉 무의식적인 의식(이는 부조리하다)이 될 것이기 때문이다. 또 이것은 충분조건이다. 내가 이 책상에 대한 의식을 실제로 갖기

위해서는 내가 이 책상에 대한 의식을 가지고 있다는 의식을 갖는 것으로 충분하기 때문이다.(사르트르, 2025: 27-28)

이 구절에서 유의할 것은 사르트르가 의식 개념과 인식 개념을 구분해서 사용하고 있다는 점이다. 여기서 사르트르는 대상을 지향하는 막연한 의식이 '인식'으로 거듭나기 위한 조건이 '의식에 대한 의식'의 존재라고 말한다. 그렇다면 '의식에 대한 의식'이란 무엇인가?

일상적 사례에서 시작해 보자. 우리가 대상을 인식할 때 일어나는 일은 무엇인가? 예컨대 내가 우연히 장폴 사르트르와 마주쳤다고 하자. 지금 나는 카페의 구석 자리에 앉아 있는 왜소한 체격의 한 남성을 발견했고, 그가 사르트르임을 알아차렸다. 이 인식은 "저 남성은 사르트르다"라는 명제로 표현될 수 있다. 사르트르에 대한 나의 인식은 분명 무의식 속에서 이루어진 것이 아니다. 사르트르에 대한 나의 인식은 분명 의식의 층위에서 이루어진다.

그렇다면 남성이 사르트르임을 알아차린 바로 이 순간의 나의 인식에 대해, "나는 '저 남성이 사르트르'라는 것을 '안다'"고 표현할 수 있을까? 물론 이렇게 이야기할 수 있을 것이다. 그런데 이렇게 말하는 순간 이미 무언가 변화했다는 사실에 주의를 기울여야 한다. 무엇이 변했는가? '저 남자는 사르트르다'에서 '나는 저 남성이 사르트르라는 것을 안다'로 이행하는 가운데 변화한 것은 인식의 초점이다. 대상에 대한 인식은 분명히 의식 차원에서 이루어지는 작용이지만, '대상'을 인식하는 바로 그 순간 '대상에 대한 의식' 또한 인식 대상이 되는 것은 아니다. 인식 대상은 카페 구석 자리에 앉아 있는 사르트르다. 물론 이러한 인식에는 언제나 자기의식이 동반된다. 그러나 이 자기의식, 곧 '내가 그 대상을 이러저러하게 인식하고 있다'는 의식은 아주 희미한 형태로만, 곧 비정립적인 방식으로만 의식될 뿐이다. 대상을 인식하는 의식의 활동 자체가 인식 대상이 된다는 것은 의식이 자기 자신이 무엇을 하고 있는지 돌이켜 보는 '반성'을 시작함을 의미하며, 이때 의식의 관심을 사로잡는 것은 의식 그 자신이 되고 최초의 대상에 관한 인식은 중단될 것이기 때문이다. 이제 막 개진되기 시작한 반성과 더불어 최초의 '대상'이 아니라 '그 대상을 정립하는 의식'이 인식의 새로운 대상이 된다.

> 내가 이 담뱃갑에 들어 있는 담배가 몇 개비인가를 센다면, 나는 이 일군의 담배 개비가 갖는 객관적인 속성, 예컨대 그것이 열두 개라는 객관적인 속성이 드러나는 인상을 가질 것이다.… 나는 담배 개비를 세는 것에 그 어떤 정립적

의식도 갖지 않을 수 있다. 나는 '세고 있는' 나를 '인식하지' 않는다.… 하지만 담배 개비가 나에게 열두 개로 드러나는 순간, 나는 덧셈을 하는 나의 활동에 대해 비조정적 의식(conscience non-thétique)을 갖는다. 사실 만일 누군가 나에게 '당신 거기서 뭘 하는 거요?' 하고 묻는다면, 나는 곧장 '나는 세고 있소'라고 대답할 것이다. 그리고 나의 대답은 내가 반성에 의해 도달할 수 있는 순간적 의식을 겨냥할 뿐만 아니라, 또한 반성되지 않고 지나간 의식, 즉 방금 지나간 나의 과거 속에서 반성되지 않은 채로 계속 있었던 의식을 겨냥한다.… 반성을 가능케 하는 것은 비반성적(non-réflexive) 의식이다. 데카르트적인 코기토의 조건인 전(前) 반성적(préréflexif) 코기토가 있다.(사르트르, 2025: 30-31)

사르트르가 말하듯 우리가 대상에 집중해 대상에 대한 인식을 이루고 있을 때에도 언제나 그렇게 대상을 인식하는 자기 자신에 대한 의식이 동반된다. 이것이 바로 사르트르가 말하는 의식의 이중적 구조다. "대상에 대한 모든 정립적 의식(conscience positionnelle)은 동시에 의식 그 자신에 대해 비정립적 의식(conscience non positionnelle)이다."(사르트르, 2025: 30) 대상에 대한 의식과 그 의식을 자각하는 의식이 공존하지 않는다면 인식은 성립할 수 없다.

'대상에 관한 정립적 의식'과 '의식 자신에 관한 비정립적 의식'이라는 양 측면은 분할 불가능한 하나를 이루는 의식의 구조다. 내가 무엇을 하고 있었는지 돌이켜 보는 반성이 가능한 것은 이러한 비정립적 의식이 모든 의식 활동에 동반되기 때문이다.

무의식에 대한 비판

사르트르는 우리의 인식이 언제나 자기의식에 매개된다는 사실을 알려 준다. 대상에 대한 정립적 의식이 언제나 그 자신에 관한 비정립적 의식을 동반한다는 선언은 사르트르 철학을 지크문트 프로이트(Sigmund Freud)의 정신분석학과 가장 먼 극단에 위치시킨다. 사르트르 철학에서 우리의 모든 행위는 의식의 선택의 소산이다. 여기에 무의식이라는 불가해한 심급이 끼어들 여지는 없다. 반면 프로이트에 따르면 우리 행위의 배후에는 의식으로는 포착할 수 없는 무의식적 차원의 원인이 자리한다. 행동을 결정하는 것은 의식적 자아의 통제를 벗어난 무의식적 충동과 억압된 욕망이기에 인간이 자신의 행위를 자율적으로 결정한다는 것은 환상에 불과하다. 무의식의 심급은 의식의 통제를 넘어서는 원인이기에 주체가 스스로 자유롭다고 느끼더라도 실제로 그의 모든 선택은 무의식적 충동에 의해 좌우된다.

그러나 사르트르는 우리의 모든 선택이 의식에서 유래하며, 의식이 어느 무엇으로도 제한될 수 없는 근본적 자유를 지닌다고 본다. 의식의 근본적 자유는 의식이 자기 자신과 거리를 두고 반성을 통해 자신을 대상화할 수 있다는 사실에서 비롯된다. 의식이 자기 자신과 반성적 관계를 맺는다는 것은 자신을 초월해 자기 행위를 성찰할 수 있는 능력이 있음을 의미한다. 예컨대 아무리 큰 분노에 사로잡히더라도 그곳에는 언제나 분노하는 나 자신에 관한 의식이 있다. 그러므로 '너무 화가 나서 나도 모르게 그런 행동을 했다'고 말하는 것은 자기기만이다. 의식의 모든 활동에 항상 비정립적 의식이 동반되는 이상 '나도 모르게' 움직였다고 말할 수는 없다.

가령 마음 깊은 곳에서 치밀어 오르는 분노가 있었고, 무언가를 집어 던지고 싶은 충동을 느꼈다고 하자. 손으로 집어 던질 만한 대상을 물색했고 가장 적합한 대상으로 찻잔을 선택했다. 그런 마당에 어떻게 이 선택이 무의식적인 것이었다고 둘러댈 수 있겠는가? 진실은 다음과 같다. 나는 벽에 부딪힌 찻잔이 산산이 조각나는 통쾌한 광경과 그에 당황해 위축될 상대방의 표정까지 이미 모두 고려한 상태에서 찻잔을 던지기로 선택한 것이다. 이렇듯 비정립적 자기의식이 있는 한 나는 결코 분노라는 정서에 매몰될 수 없다. 내가 분노를 느낄 때, 그곳에는 항상 '분노하는 나'를 의식하는 초월적 의식이 있기 때문이다. 이러한 자기 대상화의 가능성은 의식이 외부 환경이나 내적 충동에 종속되지 않고 자신의 상태와 행위를 반성적으로 조망함으로써 자유로운 결정을 내릴 수 있게 하는 근본 조건을 형성한다. 의식이 자기 자신을 대상으로 삼고 의식할 수 있는 한 의식은 자유로운 것이다.

참고문헌

장폴 사르트르 지음, 변광배 옮김(2025). ≪존재와 무≫. 민음사.

06

자기기만

사르트르의 자기기만 개념은 인간이 자신의 근본적 자유를 회피하는 기제에 대한 분석이다. 인간은 본질 없이 존재하는 자유로운 주체이지만, 때때로 자신을 고정된 존재로 간주함으로써 자유로부터 도피한다. 사르트르는 인간이 자기기만에 머물지 않고 자유와 책임을 자각할 때 진정한 주체로서의 존엄을 실현할 수 있다고 본다. 자기기만은 피할 수 없는 실존 조건이지만, 그것을 돌파하는 윤리적 노력이 필요하다.

즉자가 되어 버린 대자

'자기기만(mauvaise foi)'은 사르트르 철학의 핵심 문제다. 자기기만이란 우리의 모든 선택이 의식의 자발성에서 유래함에도, 그 사실을 외면한 채 이러저러한 구실 탓에 자신의 선택이 불가피했다고 말하는 태도다. 자기기만은 의식이 선택의 근본 심급임을 감춘 채 주어진 상황과 그 상황 속 자아가 선택의 원인인 양 변명하는 것이다. 자신의 선택이 외부 영향에 어쩔 수 없이 종속되어 있다고 말하는 것, 즉 자신을 선택에 예외적인 수동적 사물처럼 간주하는 것은 모두 자기기만이다.

사르트르는 존재를 두 종류로 구분한다. '즉자'가 고정된 본질을 지닌 사물적 존재라면, 의식적 존재인 인간은 '대자'로 규정된다. 대자에게는 그 어떤 고정된 본질도 없다. 인간은 미래를 향해 기투하는 가운데 이전의 자기 자신을 초월하는 방식으로 존재한다. 예컨대 우리는 결심을 통해 나태한 생활 습관을 버리고 현재의 자신을 변화시켜 근면한 삶을 살아갈 수 있다. 그러나 현실에서 우리는 민족, 성별, 사회적 위치, 직업, 타인과의 관계 등 구체적 조건들에 의해 규정된다('나는 고등학교 교사다', '나는 ~의 아버지다'). 사르트르가 이러한 현실적 조건들을 무시하는 것은 아니다. 현실적인 구체적 상황들은 선택의 가능성을 말살하는 반대 항이기는커녕 선택을 위한 필연적 바탕을 이룬다('피로에도 불구하고 억지로 눈을 떠 몸을 일으키는 선택을 하는 것은 아홉 시까지 출근해야 하는 사회적 의무가 주어진 상황에 근거한다').

우리는 결코 현실로서 주어진 사실적 조건들을 외면할 수 없다. 그런데 문제는 인간이 자신의 존재를 즉자적 사실성으로 동결하려는 경향에서 발생한다. 예컨대 카페 종업원이 자신의 역할을 지나치게 내면화해 '나는 카페 종업원일 수밖에 없다'고 믿는다면 이는 자신의 자유를 즉자 수준에 가두는 것이다. 자기기만의 핵심 구조는 이처럼 자신이 전적으로 자유로운 대자임을 부정하고 스스로를 정해진 본질로 환원하는 것이다. 다음 인용문은 카페 종업원의 자기기만을 기술하는 ≪존재와 무≫의 유명한 대목이다.

> … 만일 우리가 있는 그대로의 것으로 있어야 한다는 존재방식으로 존재한다면, 그때 '우리는 과연 무엇인가?' 카페 종업원을 생각해 보자. 그의 동작은 민첩하고 절도가 있지만, 약간 지나치게 정확하고 지나치게 빠르다. 그는 약간 지나치게 빠른 걸음으로 손님에게 다가온다. 그는 약간 지나칠 정도로 정중하게 인사를 한다. 그의 목소리와 그의 두 눈은 지

나칠 정도로 배려하는 태도로 손님의 주문에 관심을 표한다.… 그의 모든 행동은 우리에게 하나의 유희(jeu)처럼 보인다. 그는 자신의 동작을 마치 하나하나가 서로에게 명령하는 기계장치처럼 계속 연결하려고 애쓴다. 그의 몸짓과 목소리조차 기계장치인 것 같다. 그는 사물이 가진 신속함과 냉혹한 민첩성을 자신에게 부여한다. 그는 연기하고 즐긴다. 그런데 그는 도대체 무엇을 연기하는 것일까? 그것을 알기 위해 그를 오랫동안 관찰할 필요가 없다. 그는 카페 종업원'임'을 연기한다.… 카페 종업원은 자신의 신분을 가지고 유희하면서 그 신분을 '실현한다'.… 하지만 이와 동시에 내면에서 보면, 카페 종업원은 잉크병이 잉크병으로 있고, 컵이 컵으로 있는 것과 같은 의미에서, 직접적으로 카페 종업원일 수는 없다.… 내가 그것으로 있어야 하지만 내가 그것으로 있지 않는 것은 바로 이 주체다.… 나는 그 주체로 있을 수 없다. 나는 내가 그 주체로 있음을 연기할 수 있을 뿐이다. 다시 말해 나는 내가 그 주체로 있음을 상상할 수 있을 뿐이다.(사르트르, 2025: 167-169)

이 흥미로운 분석의 끝에서 사르트르는 다음과 같이 결론짓는다. "내가 카페 종업원이라 할지라도, 그것이 즉자의 존재 방식에 따른 것일 수는 없다. 내가 카페 종업원으로 있는 것은, 내가 그것으로 있지 않는 방식에서다."(사르트르, 2025: 170) 인간은 결코 본질을 지닐 수 없다. 아무리 내가 특정한 정체성을 갖길 원한다 하더라도 나 자신과 나의 정체성 사이에는 결코 좁힐 수 없는 거리가 항상 남아 있다. 완벽한 접객 태도를 보여 주는 카페 종업원, 자상하고 다정한 부모, 빈틈 하나 없어 보이는 군인까지 모든 사람은 자신의 정체성을 연기하고 있다.

불확실한 상황 속에서 인간은 즉자와 같은 확고한 정체성을 희구한다. 이러한 열망을 보여 주는 것이 '기질'과 '재능'이라는 표현, 더 강하게는 '천직', '소명', '운명'과 같은 표현일 것이다. 인용문에서 종업원은 자신의 행동을 기계적이고 의례적인 동작으로 연출함으로써 자신을 '카페 종업원'이라는 본질을 지닌 사물처럼 규정하려 한다. 그러나 인간은 결코 즉자적으로 종업원일 수 없다. 대자적 존재로서 인간은 자신의 존재를 특정한 역할과 완전히 동일화할 수 없으며, 그 역할을 '연기'할 수 있을 뿐이다. 특정한 사회적 역할을 수행하기 위해 애쓰고 노력해야 한다는 사실이 바로 우리가 본래 그러한 본성을 가지고 있지 않다는 사실을 방증한다.

물론 인간은 현실적 조건 속에서 사회적 역할을 수행하며 필연적으로 특정한 정체성을 부여받는다. 그러나 그 정체성을 '자신의 본질'로 착각하는 순간, 자신의 자유와 가능성을 스스로 폐기하는 자기기만에 빠지게 된다. 우리는 현실에서 이러한 자기기만의 사례를 어렵지 않게 찾아볼 수 있다. '노인'이라는 역할을 내면화하는 은퇴 세대의 자기기만이 한 사례일 것이다. "이 나이에 내가 뭘 해, 노인은 그냥 손주들이나 돌보고 살아야지"라고 말하는 것은 자신의 존재 가능성을 은퇴와 동시에 종결하는 태도다. 이는 다양한 삶의 방식과 자아실현의 가능성을 외면하고 노년이라는 생애 시기를 본질로 고착하는 자기기만이다. 사르트르의 관점에서 '노인답게' 살아야 한다는 믿음은 사회적 규범에 순응해 스스로의 자유를 억압하는 행동이다.

현금의 한국 사회에 횡행하는 '수저 계급론' 역시 자기기만의 대표적 사례다. '흙수저'와 '금수저'라는 표현에는 개인의 부모 소득, 학벌, 지역, 자산 등의 조건을 삶을 규정하는 절대적 요소로 보는 관점이 내포되어 있다. 물론 사회경제적 조건이 개인의 성취에 영향을 미치는 것은 사실이다. 그러나 "나는 흙수저라 아무리 노력해도 안 된다"는 선언은 자신의 자유를 부정하고 외적 조건을 자기 존재의 본질로 삼는 자기기만의 전형이다. 정확히 말해 상황을 개선하고 극복할 수 있는 모든 가능성이 사라지는 것은 태생적 조건에 의해서가 아니라 바로 이 선언에 의해서다.

자유

사르트르는 자기기만을 실존의 불안으로부터 도피하려는 시도로 규정한다. 자신이 감당하기 어려운 자유를 마주할 때 인간은 주어진 사회적 관습, 문화적 규범, 종교적 교리, 생물학적 본질 등의 구실을 앞세워 자신의 행동을 정당화하도록 유혹된다. 그러나 어떤 행위를 선택하는 순간, 우리는 자신이 그 행위를 선택하지 않을 수도 있었다는 사실을 알고 있다. 모든 선택의 근본에는 의식의 자유가 있으며, 우리는 결코 이 자유로부터 벗어날 수 없다.

물론 어떤 선택은 자유롭지 않은 것처럼 보이기도 한다. 예컨대 우리는 때때로 부모의 권유를 따라, 혹은 상급자의 명령에 따라서 선택한다. 그런데 이러한 경우에서조차 부모 또는 상급자의 말을 의미 있는 것으로, 나아가 따라야 하는 것으로 선택한 것은 나 자신이다. 이것이 바로 '아브라함의 불안'이 의미하는 바다. 나에게 명령한 것이 신이라는 사실을 어떻게 판가름할 수 있는가? 그가 정말 신이며, 그의 말에 따라야 한다고 결정하는 최종 결정권자는 바로 나 자신이다. 그야말로 무제약적인 이 자유에는 막중한 책임이 따른다. 우리를 불안에 빠뜨리는 것은 선택의 순간 의지할 상위 심급이 전혀 없다는 사실과 그 모든 결정의 책임이 오롯이 자신에게 있다는 무거운 자각이다.

자기기만은 자유로부터 발생하는 책임을 회피함으로써 실존적 불안을 벗어나기 위한 책략이다. 그래서 사르트르는 자기기만을 피할 수 없는 실존적 조건으로 보면서도, 그것에 안주하지 않고 책임을 자각하는 존재로 나아가는 데서 인간의 존엄성을 발견한다. 사르트르에게 자기기만을 벗어나려는 노력은 인간이 진정 자유로운 주체로서 스스로를 형성하는 데 필수적인 윤리적 과제다. 이 과제를 해결하려면 있는 그대로의 실존적 불안과 직면하는 태도가 필요하다. 사르트르에게 불안이란 우리의 선택을 정당화할 수 있는 그 어떤 보편적 규범·가치도 주어져 있지 않다는 것을 알려 주는 감정이다.

> 여러분이 살기 이전에는 삶이란 아무것도 아닙니다. 하지만 삶에 의미를 부여하는 일은 여러분의 몫이며, 이때 가치는 여러분이 선택하는 바로 그 의미와 다른 것이 아닙니다. 그리고 바로 이 점에서 여러분은 그 어떤 인간 공동체를 창조할 수 있는 가능성이 있다는 것을 알게 됩니다.(사르트르, 2009: 83)

자기기만이 무너진 자리에 남아 있는 것은 '무제한적 자유'다. 사르트르는 우리가 자기기만을 벗어나 자신의 근본적 자유와 선택의 책임을 직시해야 한다고 말한다. 삶의 의미란 외부에서 주어질 수 있는 것이 아니기 때문이다. 미리 마련되어 있는 가치란 없다. 가치는 선택을 통해 창조해야 하는 것이다.

참고문헌

장폴 사르트르 지음, 박정태 옮김(2009). ≪실존주의는 휴머니즘이다≫. 이학사.

장폴 사르트르 지음, 변광배 옮김(2025). ≪존재와 무≫. 민음사.

07
무

사르트르의 존재론에서 '무'는 단순한 부정이 아니라 인간 존재의 구조를 구성하는 핵심 개념이다. 의식은 자신과 대상을 구분하고 자기 자신으로부터도 분리될 수 있는 능력을 지닌다. 사르트르에게 무는 인간이 자기를 초월하고 규정할 수 있는 자유의 존재론적 조건이자, 자기기만의 가능 조건이다.

자기기만의 조건

자기기만은 통상적 의미의 거짓말(mensonge)과 다르다. '자기 자신에 대한' 거짓이기 때문이다. 자기기만의 역설은 여기서 비롯된다. 거짓말이 성립하려면 거짓을 말하는 자가 자신이 말하는 것이 거짓임을 알고 있어야 한다. 자신이 알지 못하는 것 혹은 잘못 알고 있는 것에 대해 하는 말은 실언이나 오류일지언정 거짓말이 될 수 없다. 그런데 거짓을 말하는 자가 자신이 말하는 것이 거짓임을 알고 있어야 거짓말이 성립한다면, 자기 자신을 속이는 일인 자기기만은 어떻게 가능한가?

거짓말의 조건은 속이는 자와 속는 자가 달라야 한다는 것이다. 자기기만 역시 마찬가지다. 자기기만은 속는 자와 속이는 자의 동일성이 와해될 때만 성립할 수 있다. "자기기만이 가능한 조건은 인간실재가 그의 가장 직접적인 존재에서, 전 반성적 코기토의 내부 구조에서, 그것이 있지 않은 그대로의 것으로 있고, 그것이 있는 그대로의 것으로 있지 않아야 한다는 것이다."(사르트르, 2025: 184) 자기기만이 가능한 것은 의식 내에 일종의 결렬(coupure)이, 의식을 분할하는 박리(décollement)가 존재하기 때문이다. 이것이 바로 사르트르가 '모든 의식 활동에는 그 자신에 관한 비정립적 의식이 동반된다'고 말했을 때 의미한 바다.

일과를 마친 저녁, 우리가 그날 하루를 되짚어 반성할 수 있는 것은 우리의 모든 의식 활동에 비정립적 의식이 동반되었기 때문이다. 이 때문에 우리는 정신없이 바쁜 하루를 보냈음에도 자신이 어디를 갔고 누구를 만났는지 회상할 수 있다. 이따금 사람들은 자신이 '무의식적으로' 말하고 행동했다고 주장한다. 그러나 그러한 표현을 통해 이들이 실제로 의미하는 것은 '부주의한' 말과 행동이지, 결코 '무의식적인' 것이 아니다. 만일 정말로 무의식 속에서 말하고 행동했다면 사람들은 지나간 사건과 행동을 인지하지도 상기하지도 못할 것이다.

우리의 사고와 행위는 무의식이 아니라 의식 속에서 이루어진다. 더 나아가 우리가 성공적으로 반성 행위를 수행할 수 있다는 사실은 의식 내에 있는 근본적 차원의 분열을 가리킨다. 나의 모든 의식 활동을 바라보는 또 다른 의식이 있다. 바로 이 비정립적 의식이 있기에 의식은 마치 또 다른 시선이 나를 바라보듯 자기 자신을 대상화할 수 있다. 이와 같은 논리를 자기기만에도 적용할 수 있을 것이다. 의식은 스스로를 대상 삼아 자기에 대한 거짓을 꾸밀 수 있다. 그 거짓에 속아 넘어갈 수 있는 것은 의식 내에 분열이 있기 때문이다. 자기기만은 단순한 심리적 착각이 아니라 의식의 구조적 특성에 기초한 현상이다.

그런데 이 분열은 무엇에 기인하는가? 사르트르의 표현을 빌려 말하자면 "앞의 의식을 뒤의 의식에서 분리하는 것은 바로 아무것도 아닌 것(le rien)이다"(사르트르, 2025: 109). 아무것도 아닌 것, 그것은 그야말로 '무'가 아닌가? 그러므로 우리가 자기기만에 빠질 수 있는 것은 늘 자기 자신으로부터 벗어나 자신과 거리를 두는, 무화하는 의식의 본성 덕분이다. 바로 이 '무'의 본성이 의식으로 하여금 자기 자신을 분열시키고 기만할 수 있게 하며, 끊임없이 자신을 초월하게 한다. 요컨대 자기기만은 대자적 존재인 인간이 본질적으로 '무'를 품고 있다는 사실의 또 다른 증거다.

믿음

자기기만에 대한 사르트르의 분석은 의식의 본질이 '무'라는 사실을 드러낸다. 의식적 존재는 무에 의해 그 자신으로부터 분리된 것으로서 존재한다. 자기기만이 가능한 것은 대자적 존재인 인간이 내적 차원에서 이러한 분열을 간직하고 있기 때문이다.

그런데 이 설명으로 충분한가? 우리는 '자기 자신을 속이는 일인 자기기만은 어떻게 가능한가'를 물었다. 이에 의식의 본성은 무이며, 그것에서 의식의 내적 구조를 이루는 분열이 비롯된다고 답하는 것은 논리적 차원에서는 답변이 될지 몰라도 우리를 실질적으로 납득시키지는 못한다. '자기 자신을 속이는 일이 어떻게 가능한가'를 해명하기 위해 논해야 할 것은 자기기만이 지식이 아니라 '믿음(croyance)'이라는 사실이다. "자기기만에 대한 진정한 문제는 명백히 이 자기기만이 신앙(foi)이라는 데서 생겨난다. 자기기만은 냉소적인 거짓일 수도 없고 명증일 수도 없다.… 자기기만의 본질적인 문제는 믿음의 문제다."(사르트르, 2025: 185)

그러므로 물음을 다음과 같이 정식화할 수 있다. '우리는 어떻게 자기 자신이 꾸며 낸 개념을 믿을 수 있는가?' 자기기만에 빠진 사람은 자신이 만들어 낸 거짓을 사실이라고 믿기 위해 그 개념이 마치 외부에서 주어진 진리인 것처럼 여기는 태도를 취한다. 자기기만에서 주체는 자신이 자발적으로 만든 생각을 다시 대상화해 마주하고, 그 순간 자신이 그것의 창조자라는 사실을 망각한다. 믿음은 이처럼 의식이 자신이 만들어 낸 산물을 자신과 무관한 외부적 실재로 전도하면서 가능해진다. 그러나 의식은 자신의 기만을 완전히 잊을 수 없기에 자기기만적 전도는 본질적으로 위태롭고 불안정하다.

> 자기기만은(자기기만자는) 전적으로 다음과 같은 결의 속에서 자기의 모습을 묘사한다. 너무 지나치게 요구하지 말자, 잘 납득이 되지 않더라도 만족한 것으로 여기자, 불확실한 진리에 대한 자기 동의를 결심을 통해 강행하자에 대한 결의가 그것이다. 자기기만(자)의 최초의 기투는 믿음의 본성에 대한 하나의 자기기만적인 결의다.(사르트르, 2025: 186-187)

이 인용문에서 사르트르는 자기기만에 빠지겠다는 결심이 지닌 흥미로운 성격을 드러낸다. 자기기만은 일종의 능동적 결의(acte de résolution)에 의해 작동한다. 즉 자기기만은 의식이 거짓된 신념을 품기로 '결심'함으로써 성립한다. 이 결의는 단순히 사실을 모르거나 오해하는 상태와 다르다. 일단 자기기만을 결심한 이상 그것이 거짓된 것이며 작위적으로 고안된 것이라는 사실을 모를 수는 없다. 단지 자기기만자는 자신의 믿음이 무너지지 않도록 매우 조심스러운 태도를 취할 뿐이다. 주체는 자유롭게 자신의 믿음을 구성하면서도 그 믿음을 정당화하기 위해 믿음이 '스스로 선택한 것'이라는 사실을 희미하게 만들고 그것의 기원을 외부의 사실로 위장한다. 이로써 자기기만자는 자신의 자유를 피하고 거짓된 안도감을 얻는다. 자기기만적 믿음은 자유로운 주체가 스스로를 속이기 위해 선택한 결과지만, 그 선택이 자신의 자유에 의한 것이 아닌 양 경험된다. 자기기만의 핵심을 이루는 것은 이러한 믿음의 양면성이다.

그런데 이는 사실 자기기만에 국한된 문제가 아니라 '믿음' 일반이 지닌 문제다. ≪존재와 무≫에서 사르트르는 '믿음의 역설'이라고 불러도 좋을 현상을 날카롭게 포착한다. 이는 믿음이 자기 인식에 매개되는 순간 발생하는 현상이다.

> 만일 나의 믿음을 내가 안다면, 믿음은 나에게 외부적 상관자가 없는 순수한 주관적 결정으로 나타난다.… 믿는다는 것은 믿는다는 것을 아는 것이다. 그리고 믿는다는 것을 아는 것은 더 이상 믿지 않는 것이다. 이렇듯 믿는다는 것은 더 이상 믿지 않는다는 것이다.(사르트르, 2025: 188)

이 구절에서 사르트르는 믿음에 대한 자기의식이 믿음을 파괴한다는 사실을 드러낸다. 믿음에 대한 자기의식은 '나는 내가 ~을/를 믿는다는 것을 안다'의 형태로 나타난다. 이렇게 자기의식에 매개됨으로써 드러나는 것은 믿음이 불가침의 '객관적 사실'이 아니라 나의 자유에 좌우되는 '순수하게 주관적인 결정'이라는 사실이다. 믿음에 대한 자기의식이 믿음을 파괴하는 결과에 이르는 것은 반성에 매개되는 순간 믿음의 자의성이 백일하에 드러나기 때문이다. 하지만 이와 함께 문제가 되는 것은 믿음의 존재가 오직 이 믿음에 대한 의식에 의해서만 발견되고 정당화될 수 있다는 점이다. 반성은 대상에 대한 나의 믿음을 입증할 수 있는 명증한 수단이다. 나의 믿음의 존재는 '나는 내가 ~을/를 믿는다는 것을 안다'라는 형식에 의해서만 확인될 수 있다.

바로 이 지점에서 사르트르는 진정한 믿음의 불가능성을 주장한다. 모든 믿음은 충분한 믿음이 아니다. 사람들은 결코 진정으로 무언가를 믿지 않는다. 믿음이란 대자적 존재의 본성을 이루는 '무'의 역설적 증거다. 우리가 무언가를 믿을 때, 그러한 믿음을 지닌 스스로를 관조하는 의식이 언제나 동반된다. 대자적 존재는 자기를 자신으로부터 분리함으로써, 곧 '무'를 통해 자신과 거리를 둠으로써 존립한다. 의식의 이러한 무화 능력은 우리가 자기기만에 빠질 수 있게 하는 근본 조건이자 인간을 스스로를 규정하고 초월할 수 있는 존재로 만드는 능력이다. 사르트르의 '무' 개념은 인간이 필연적으로 자신을 분열시키고 자신에게서 벗어나며, 자신을 자유롭게 규정할 수 있는 존재라는 사실을 알려 준다. '무'는 우리를 불안과 자기기만의 가능성으로 이끌지만, 바로 그 무 덕분에 인간은 끊임없이 자신을 창조하는 자유를 누릴 수 있다.

참고문헌

장폴 사르트르 지음, 변광배 옮김(2025). ≪존재와 무≫. 민음사.

08
타자

사르트르는 타자를 단순한 지각 대상이 아니라 나를 객체화하는 능동적 주체로 이해한다. 타자가 나를 바라보는 순간, 나는 더 이상 자유로운 주체가 아니라 타자의 세계 안에서 대상화된 존재가 된다. 사르트르는 나와 타자의 관계가 본질적으로 비대칭적이고 투쟁적임을 강조한다. 우리는 타자를 객체화하거나 타자에 의해 객체화되는 관계에 있으며, 두 주체가 대등하게 공존하는 이상적 상호주체성은 구조적으로 불가능하다. 그러나 이 역동적 대타 관계는 언제든 전도될 수 있다. 이로써 타자의 존재는 실존적 불안을 유발하는 동시에 나의 존재를 규정하는 필수 요소가 된다.

실존에 대한 구체적 탐구

사르트르 철학은 추상적 사변이 아니라 구체적이고 현실적인 경험에 바탕을 둔다. 사르트르는 ≪존재와 무≫ 1부 1장의 첫 단락에서 '추상(abstraction)'과 '구체(concret)'의 의미를 규정한다. 추상이란 "고립되어 존재하지 않게끔 한 것을 고립된 상태에서 생각"(사르트르, 2025: 61)하는 것이다. 반면 구체란 총체적 관계 속에서 사유하는 것이다. 이러한 규정하에서 '붉음'이란 추상적 개념이다. 색깔은 형상 없이 존재할 수 없기 때문이다. 마찬가지로 '의식' 역시 추상적이다. 의식은 독자적으로 존립하는 것이 아니라 그것이 지향하는 대상과 관계하는 활동성으로 존재하기 때문이다.

사르트르는 구체적 상황 속의 총체로서 의식을 탐구한다. 의식이 지향적 본성을 지닌 한, 의식에 대한 탐구는 그것이 지향하는 대상인 즉자적 존재에 관한 탐구와 분리될 수 없다. 그런데 의식이 지향하는 대상에는 즉자적 사물뿐 아니라 나와 같은 자유를 지닌 주체인 '타자(autrui)'도 포함된다. 즉자와 대자의 관계에 대한 사르트르의 설명만큼이나 흥미로운 것이 대자와 타자의 관계, 곧 대타 관계(rapport à autrui)에 대한 분석이다. 대자에 관한 사르트르의 탐구는 단순히 자폐적인 내면적 구조에 제한되지 않는다. 오히려 사르트르는 대자와 타자의 관계를 깊이 있게 숙고하며, '타자의 시선'이 나의 구체적 실존을 규정하는 중요한 조건이라고 말한다. 타자의 시선 속에서 나는 나의 자유를 의식하는 동시에 나의 자유가 제한됨을 경험하기 때문이다. 사르트르가 타자와의 관계를 어떻게 사유했는지 살펴보자.

눈과 시선

타자란 무엇인가? 우선 타자는 우리가 세계 속에서 만나는 대상의 모습, 이를테면 방금 거리에서 내 곁을 스쳐 지나간 남자, 주문을 받는 식당의 종업원, 쓰레기통을 비우고 있는 청소부의 모습으로 출현한다. 타자란 내가 지각하는 대상이다. 이렇듯 타자는 의식의 지향적 대상으로서 출현한다.

이러한 대상-타자(objet-autrui)는 의식의 지향적 대상의 또 다른 부류인 즉자적 사물들과 본성상 다르지 않다. 기존 철학은 대상-타자가 타자의 본래 모습이라고 생각해 왔다. 즉 타자는 먼저 나의 의식에 지각의 대상으로 주어진다고 간주되었다. 그러나 문제는 타자가 대상으로 주어지면 타자의 인격성이 개연적 추정의 대상이 되어 버린다는 데 있다. 실제로 사르트르는 대상-타자의 확실성에 대해 다음과 같이 묻는다. “만일 동물이 기계라고 한다면, 내가 보는 저 거리에 지나가는 사람은 왜 기계 중 하나가 아닐까?”(사르트르, 2025: 494) 대상으로 출현한 타자가 나와 동일한 주체로서 인정받지 못하고 종종 일종의 ‘기능(fonction)’으로 환원되는 것은 바로 이런 까닭에서다[“개찰원은 차표를 끊는 기능 외에 아무것도 아니다. 카페에서 서빙하는 사람은 손님에게 봉사하는 기능 외에 아무것도 아니다”(사르트르, 2025: 797)].

그렇다면 나의 의식에 의해 정립되는 대상-타자가 아닌, 나와 같은 주체로서 타자는 언제 출현하는가? 이 주체-타자(autrui-sujet)란 도대체 무엇인가?

> 나는 지금 어느 공원에 있다. 나에게서 멀지 않은 곳에 잔디밭이 있고, 그 잔디밭을 따라 의자들이 있다. 한 남자가 의자 옆을 지나간다. 나는 이 남자를 본다. 나는 그를 하나의 대상으로, 동시에 한 명의 인간으로 파악한다. 이것은 무엇을 의미하는가? 내가 이 대상이 한 명의 인간이라고 단언할 때, 나는 무엇을 말하고자 하는가?(사르트르, 2025: 551)

어떤 대상이 아닌, 한 명의 주체로서 타자란 무엇인가? 주체로서 타자는 결코 즉자적 사물과 같은 방식으로 존재하지 않는다. 대상으로서 출현할 때 타자는 공원의 나무나 벤치가 그렇듯 나와 얼마간의 거리를 두고 있는, 시지각적으로 파악 가능한 객체로 정립될 수 있다. 그러나 주체로서 타자가 출현할 때 나는 더 이상 나를 중심에 둘 수 없다. 오히려 타자의 시선 앞에서 나의 존재는 탈중심화하고, 나는 타자의 세계 속에 위치한 존재가 된다. "이렇듯 나의 우주의 대상들 사이에 이 우주를 와해시키는 한 요소의 출현, 이것이 바로 내가 나의 우주 속에서의 한 명의 인간의 출현이라고 부르는 것이다.… 이 항은 또한 자기 주위에 그 자신의 고유한 거리를 펼치는 한에서 나에서 벗어난다."(사르트르, 2025: 553) 주체로서 타자는 나와 다른 또 하나의 자유로운 의식으로, 이 세계의 중심이었던 나의 지위를 박탈하고 나를 객체화할 수 있는 불가해한 스캔들이다. 타자의 시선에 의해 나는 더 이상 순수한 주체가 아니라 타자의 세계 안에서 대상화된 존재로 변질된다.

그런데 주체-타자는 어떻게 출현하는가? 사르트르에 따르면 주체로서 타자는 나의 시선의 대상으로서가 아니라 나를 바라보는 시선으로 출현한다. 즉 주체-타자는 더 이상 대상으로서가 아니라 오히려 나를 그의 지향적 대상으로 만드는 가운데 나타난다. 그렇다면 타자가 나를 바라본다(me regarde)는 것은 무엇을 의미하는가? 사르트르는 '눈(œil)'과 '시선(regard)'의 은유를 통해 '타자의 시선'의 의미를 설명한다. 이 은유에서 '눈'은 대상으로서 타자를, '시선'은 주체로서 타자를 의미한다.

> … 내가 나를 향한 하나의 시선을 파악하는 것은 '나를 바라보고 있는' 눈들의 파괴라는 배경 위에서다. 내가 시선을 파악할 때, 나는 눈을 지각함을 그친다. 눈은 거기에 있다.… 하지만 … 눈은 무효화되고, 장외로 밀려난다. 눈은 더 이상 문제의 대상이 되지 않는다.… 눈이 예쁘거나 밉다고 생각하는 것, 또 눈의 색깔을 지적할 수 있는 것은 결코 눈이 우리를 바라볼 때가 아니다. 타자의 시선은 그의 눈을 가린다.(사르트르, 2025: 559)

인용문에서 사르트르는 '눈'과 '시선'이 동시에 현전할 수 없다고 주장한다. "우리는 세계를 지각하는 동시에 우리에게 고정된 하나의 시선을 파악할 수 없다."(사르트르, 2025: 560) 내가 타자의 시선의 대상이 될 때, 나는 나를 대상으로 겨냥하는 시선의 주체인 타자를 대상화할 수 없다. 곧 타자의 '시선'은 타자의 '눈'을 가린다. 이는 특히 무대

위에 올라 관객들의 시선을 마주하는 순간 체험할 수 있다. 예컨대 무대 뒤에 대기하고 있을 때까지 나는 내가 어떤 행동을 할지, 어떻게 말할지를 주체적으로 계획하고 통제할 수 있었다. 그러나 막이 오르고 관객들의 시선이 나를 향하는 순간, 나는 더 이상 자유로운 주체가 아니라 수많은 시선들 속에 노출된 존재, 판단의 대상인 객체로 전락한다. 이때 나는 '행위하는 자'가 아니라 '보이는 자'가 된다. 나의 세계는 와해되고, 나는 타자의 세계 속에 위치하게 된다.

반대로 내가 관객들을 바라보며 그들의 얼굴을 하나하나 지각할 때, 그들의 시선은 사라져 버린다. 관객들의 옷차림과 자세, 표정을 관찰할 때 나는 더 이상 그들의 시선 앞에 노출된 객체가 아니라 그들에게 시선을 던지는 주체로서 존재한다. 타자의 시선은 바로 그가 더 이상 나의 지각 속에 '대상'으로 존재하지 않을 때 출현한다. 다시 말해 타자가 나를 의식하고 있다는 사실을 '느끼는' 순간 타자는 더 이상 어떤 눈이나 얼굴이 아니라 나를 객체화하는 주체로 나타난다.

시선의 투쟁

내가 타자를 바라볼 때 타자는 내 의식의 대상으로 전락하며, 타자의 시선이 나를 바라볼 때 나는 타자의 의식에 의해 정립되는 대상이 되어 버린다. 이처럼 사르트르에게서 나와 타자의 관계는 상호 대등한 주체와 주체의 관계가 아니라, 어느 한쪽이 주체의 자리를 점할 때 다른 한쪽은 필연적으로 대상으로 전락하고 마는 비대칭적 관계다. 물론 이 비대칭적 구도가 항구적으로 유지되는 것은 아니다. 사르트르가 그려 내는 대타 관계의 중요한 특징은 무엇보다 주체와 대상의 구도가 언제든 역전 가능하다는 데 있다. 따라서 타자는 언제 터질지 모르는 '폭발물'과 같다. 타자는 즉자적 존재와 같이 내 시선의 대상으로만 머물지 않고, 언제든 눈이 아닌 시선으로 나를 바라볼 수 있는 존재라는 점에서 위험하다. 언제든 주체와 대상의 구도가 역전될 수 있다는 점에서 대타 관계는 서로를 대상으로 삼으려는 투쟁적 성격을 띤다. 사르트르가 희곡 ≪닫힌 방(Huis Clos)≫의 주인공 가르생의 입을 빌려 말하듯, "지옥은 바로 타인들(L'enfer, c'est les autres)"(사르트르, 2013: 82)이다.

참고문헌

장폴 사르트르 지음, 지영래 옮김(2013). ≪닫힌 방·악마와 선한 신≫. 민음사.

장폴 사르트르 지음, 변광배 옮김(2025). ≪존재와 무≫. 민음사.

09
휴머니즘

≪실존주의는 휴머니즘이다≫에서 사르트르는 실존주의가 인간의 자유를 강조할 뿐 아니라 인간성에 대한 윤리적 책임을 수반하는 철학임을 분명히 한다. 인간은 자신의 실존을 통해 본질을 창조하는 존재이며, 모든 선택은 단지 개인적인 것이 아니라 인간 일반에 대한 규범적 선언이 된다. 나의 선택은 곧 '이런 식으로 인간이 존재해야 한다'는 보편적 기준을 창출하는 행위다. 사르트르는 이러한 선택의 보편성이 곧 책임의 근거라고 본다. 인간은 자기 자신뿐 아니라 인류 전체에 대해 책임을 져야 하는 존재다. 즉 인간성의 창조는 우리에게 주어진 실존적 과제다.

실존주의 윤리는 가능한가

타자와의 관계란 시선의 투쟁이 보여 주듯 주체와 타자가 서로에 대해 우위를 점하고자 분투하는 적대적 관계인가? 사르트르는 이렇듯 얼굴과 얼굴을 맞댄 긴장 속에서 인간 실존의 구체적 모습이 드러난다고 생각했다. 사르트르가 그린 대타 관계는 본질적으로 투쟁적이며 비대칭적인 관계로, 수평적 상호주체성(intersubjectivité)의 공동체와는 상반된다. 이런 맥락에서 사르트르는 하이데거의 '공동 존재(Mitsein)' 개념의 추상성을 비판하며, 그와 같은 무리(équipe)로서 타자 개념에서는 개인 간의 갈등과 투쟁이라는 구체적 삶의 모습들이 모두 사라져 버린다고 비판한다.

그런데 사르트르의 타자 이론이 보여 주듯 나와 타자의 관계가 본질적으로 비대칭적 구조에서 벗어날 수 없다면, 나의 주체성을 유지하면서도 타자를 대상으로 전락시키지 않는 상호주체성에 도달하는 것은 애초에 불가능하지 않을까? 그렇다면 수평적 상호주체성에 기반한 공동체 형성 역시 불가능하며, 결국 인간 사이의 관계는 항구적 긴장과 갈등 속에 머무를 수밖에 없지 않을까? 그렇다면 우리는 과연 어떤 방식으로 윤리를 사유할 수 있는가?

모든 선택은 보편적 선택이다

이들 물음은 사르트르의 실존주의 철학에 대해 빈번하게 제기되었다. 사르트르는 1945년 강연 "실존주의는 휴머니즘이다"를 통해 이 물음에 답한다. 이 강연에서 사르트르는 인간의 본성은 미리 결정되어 있지 않으며, 인간은 그 자신의 선택을 통해 본성을 형성해 나가는 존재임을 역설한다. 그런데 흥미로운 것은 사르트르가 이러한 '선택'이 결코 사적인 것이 아니라고 덧붙였다는 점이다.

> 우리가 인간은 스스로를 선택한다고 말할 때, 이 말은 우선 우리 각자가 스스로를 선택한다는 것을 뜻합니다. 하지만 이 말은 또한 우리 각자가 이처럼 스스로를 선택함으로써 모든 인간을 선택한다는 것을 뜻하기도 합니다. 사실 우리가 되기 원하는 인간을 창조하는 행위는 그 자체가 또한 우리가 꼭 그렇게 되어야 한다고 판단하는 인간의 이미지를 창조하는 행위이기도 합니다. 우리의 행위 중에서 그렇지 않은 행위는 하나도 없습니다. 이것이 될까 또는 저것이 될까를 선택하는 행위, 그것은 우리가 선택하는 것의 가치를 확인하는 행위이기도 한 것입니다. 왜냐하면 우리는 결코 악한 것을 선택할 수 없기 때문입니다. 다시 말해 우리가 선택하는 것은 언제

나 우리에게 선한 것이며, 또 우리가 선택한 것이 우리에게 선한 것처럼 모든 이를 위해서도 마찬가지로 선하지 않고서는 결코 그 어떤 것도 우리에게 선할 수가 없기 때문입니다. (사르트르, 2009: 35-36)

왜 나의 선택은 보편적 선택일 수밖에 없는가? 사르트르에 따르면 인간은 자신이 존재한 이후에야 본질을 형성하는 존재다. 즉 인간은 구체적 상황 속에서 끊임없이 선택하고 행동함으로써 스스로의 본질을 구성한다. 그리고 이 선택은 순전한 자유에 열려 있다. 곧 선택을 결정짓는 그 어떤 선험적 법칙도 규범도 존재하지 않는다. 오히려 종교적 계율, 사회적 관습·규범 따위는 우리가 그것을 선택함으로써 중요성과 가치를 갖는다. 우리의 선택이 단순히 사적인 것일 수 없는 이유는 이렇듯 우리의 선택이 항상 규범적 의미를 동반하기 때문이다. 다시 말해 나의 선택은 규범적 선언이며, 내가 선택한 행위는 '이런 방식으로 살아야 한다'라는 보편적 삶의 형식을 제시하는 일이다. 우리는 선택을 통해 자신이 어떤 인간이 되어야 하는지 결정할 뿐 아니라 '인간 일반'이 어떤 존재여야 하는지 선언한다.

이와 같이 우리의 책임은 우리가 상상할 수 있는 것보다 훨

> 씬 더 큰 것입니다. 왜냐하면 우리의 책임은 인류 전체에 앙가제(engagé)하기 때문입니다. 만약 내가 노동자라면, 만약 노동자인 내가 공산주의자가 되기보다 차라리 기독교적 노동조합에 가입하는 것을 선택한다면, 또 이렇게 기독교적 노동조합에 가입함으로써 만약 내가 체념이 결국 인간에게 적합한 해결책이라는 것을, 인간의 왕국이란 지상에는 없다는 것을 지적하고자 한다면, 이때 나는 나 자신의 경우에만 앙가제하는 것이 아닙니다. 나는 지금 모든 이를 위해서 체념하기를 원하고 있고, 따라서 나의 이 행동 방식은 인류 전체에 앙가제한 것이 되는 것입니다.(사르트르, 2009: 36-37)

여기서 사르트르는 우리의 선택과 책임이 인류 전체에 관한 것임을 보여 준다. 가령 내가 결혼하기를 선택할 때, 이는 결코 나에게만 제한된 유아론적 선택일 수 없다. 비록 나의 결혼이 나의 사적 감정과 개인적 상황의 소산이라 해도, 이 결혼을 선택함으로써 나는 결국 일부일처제에 동의하는 결정을 내리는 것이기 때문이다. 모든 선택은 결국 타자에게로 열려 있다.

실존주의가 말하는 선택의 보편성은 칸트의 정언명령, 즉 '너의 의지의 준칙이 보편적 입법의 원리가 될 수 있도록 행위하라'는 순수 실천 이성의 원칙과 유사한 면이 있다.

하지만 사르트르는 선택의 보편성을 이념의 관점에서가 아니라 실존의 구체적 조건 속에서 이해한다. 인간은 보편성의 정식에 의무적으로 따라야 하는 것이 아니다. 인간의 모든 선택은 이미 보편성의 정식에 따른 행위다. 즉 인간은 어떠한 행위가 '좋다'고 생각하기 때문에 그것을 선택한다. 우리는 악을 선택하지 않는다. 우리는 항상 '선하다고 여겨지는 것'을 선택한다. 그리고 이는 단지 주관적 선호가 아니라 그 선택이 그 자체로 의미 있고 정당화될 수 있다고 믿는 것이다.

실존주의는 휴머니즘이다

이처럼 우리의 선택은 인간 일반에 대한 가치 판단을 포함한다. "나는 내가 선택하는 인간의 그 어떤 이미지를 창조해 나갑니다. 즉 스스로를 선택함으로써 나는 인간을 선택하는 것입니다."(사르트르, 2009: 37) 바로 이 지점에서 사르트르는 실존주의가 '휴머니즘(humanisme)'이라고 말한다. 사르트르에게 인간은 주어진 본성에 따라 살아가는 수동적 존재가 아니라 자신을 창조함으로써 인간 일반의 모습을 규정하는 능동적 주체다. 인간은 세계 안에 내던져진 존재지만, 그 내던져진 세계 속에서 끊임없이 선택하고 그 선택에 책임을 짐으로써 자기 자신을 창조한다. 그리고 이 자기 창조의 과정은 곧 '보편적 인간성'의 전형을 형성하는 과정이다.

이러한 사르트르의 휴머니즘은 전통적인 본질주의적 인간관과는 전혀 다르다. 인간의 본질은 보편적 이성이나 신의 형상에 의해 주어진 것이 아니라 존재 이후의 행위와 선택을 통해 구성된다. 따라서 인간은 언제나 '되어 가는 존재'며, 그 가능성은 닫혀 있지 않다. 실존주의적 휴머니즘은 인간을 특정한 본질에 가두지 않고, 스스로가 그 본질을 창조해 가는 열린 주체로 파악한다.

또한 이러한 휴머니즘은 개인의 사적 자유만을 강조하는 것이 아니라 본질적으로 타자를 포함하는 윤리적 구조를 갖는다. 이것이 사르트르가 강조하는 '주체주의(subjectivisme)'의 진정한 의미다. 우리의 모든 선택은 인류를 대표하는 선택이기에, 인간은 단지 자기 자신에 대해서만이 아니라 '인간 일반'에 대해 책임을 진다. "우리가 인간은 자기 자신에 대해서 책임이 있다고 말할 때, 이 말은 인간은 자신의 엄격한 개별성에 대해서만 책임이 있다는 것을 뜻하지 않습니다. 이 말은 인간은 모든 인간에 대해서 책임이 있다는 것을 뜻합니다."(사르트르, 2009: 35) 결국 실존주의는 인간을 자유로운 주체로 정의할 뿐 아니라 그 자유가 언제나 타자를 향한 책임과 함께 놓여 있음을 강조한다. 인간은 그 자신을 형성하는 존재인 동시에 타자와 더불어 인간성을 창조해 가는 존재다. 실존주의가 휴머니즘인 이유는 바로 여기에 있다.

참고문헌

장폴 사르트르 지음, 박정태 옮김(2009). ≪실존주의는 휴머니즘이다≫. 이학사.

10
참여

사르트르는 실존주의가 결코 공허한 자유의 철학이 아니라 구체적 역사와 사회 속에서 실천을 요구하는 윤리적 철학임을 강조한다. 인간의 자유는 언제나 특정한 '상황' 속에서 실현되며, 이러한 인식은 '앙가주망' 개념으로 구체화된다. 앙가주망은 주체가 자신의 시대와 현실을 자각하고, 그에 대해 실천적으로 응답하는 태도를 의미한다. 참여는 선택의 자유에 수반하는 책임의 윤리적 실천이며, 인간이 자신의 존재를 구성하는 방식이자 세계에 대한 적극적 개입이다.

상황

사르트르의 실존주의에 실체 없는 유령처럼 뒤따르는 오해가 있다. 사르트르의 실존주의 철학은 당대에 그것을 둘러싼 뜨거운 명성만큼이나 많은 왜곡과 오해를 불러일으켰다. 그 가운데 하나는 실존주의가 주체의 무제약적 자유를 주장하는 악마적 독트린이라는 것이었다. ≪실존주의는 휴머니즘이다≫에서 사르트르는 실존주의에 대한 이 오해를 다음과 같이 소개한다.

> … 사람들은 우리가 인간적 기도(企圖, entreprise)의 실재성과 신중함을 부인한다고 비난합니다. 그들의 비난 이유는 다음과 같습니다. 우리가 신의 계율을 제거하고 나면, 우리가 영원성 속에 새겨진 가치를 제거하고 나면 오로지 엄격한 의미의 무상(無償, gratuité)함만이 남게 된다는 것이 그것입니다. 즉 모든 것이 무상해져 버리기 때문에 인간 각자는 이제 자기가 원하는 대로 무엇이나 할 수 있게 될 것…이라고 비난하는 것입니다.(사르트르, 2009: 24-25)

'모든 것을 허용하는 철학', 이것이 실존주의에 대한 대중적 선입견을 요약하는 표현일 것이다. 지금까지도 '실존주의'라는 개념에는 종종 반항아적 이미지가 따라붙는다. 널리 퍼져 있는 선입견에 따르면 실존주의는 주체의 자유를 앞세우는 가운데 현존하는 가치 체계를 교란하며 일반적 통념과 공공의 질서를 훼손한다. 실존적 선택이란 구체적인 역사적·사회적 조건을 외면하는 순전히 자의적인 일탈 혹은 방종에 불과하다는 것이다. 그러나 이 범상한 오해에도 불구하고 실존주의의 자유는 결코 임의적인 공상적 자유가 아니다. 물론 실존주의의 근본 개념은 '자유'이며, 첫 저작부터 미출간 유고로 남은 마지막 저작에 이르기까지 사르트르는 단 한 차례도 의식 '주체'라는 층위를 떠나지 않았다. 그러나 주체의 자유를 단호히 옹호하는 동시에 사르트르가 지칠 줄 모르고 강조한 것은 우리의 선택이 언제나 우리가 처한 '상황(situation)'에서 행해진다는 사실이다. 1945년 10월 문예지 ≪현대≫의 창간사에서 사르트르는 작가가 결코 자신이 딛고 있는 시대를 잊어서는 안 된다고 썼다.

> 작가가 결코 도피할 수 없는 이상, 작가는 자신의 시대(époque)를 단단히 끌어안아야 한다. 그 시대는 작가에게 유일한 기회다. 시대는 그를 위해 존재하며, 그는 시대를 위해 존재한다. 우리는 1848년 혁명 앞에서의 발자크[오노레 드

발자크(Honoré de Balzac)]의 무관심, 그리고 파리 코뮌을 대면한 플로베르[귀스타브 플로베르(Gustave Flaubert)]의 겁먹은 몰이해를 유감스럽게 생각한다. 우리가 그것을 안타깝게 여기는 것은 그들을 위해서다. 그로 인해 그들은 무언가를 영원히 놓쳐 버렸기 때문이다. 우리는 우리 시대의 그 어떤 것도 놓치고 싶지 않다. 아마 더 아름다운 시대가 있을 수도 있다. 그러나 이 시대는 우리의 것이다. 우리에게는 이 전쟁의 한복판을, 혹은 이 혁명의 한복판을 살아야 하는 오직 이 삶 하나만이 주어져 있다.(Sartre, 1945/2017: 202)

상황은 선택을 위한 불가결한 조건이다. 우리는 특정한 시대에, 특정한 국가에서, 특정한 계급으로, 특정한 인종적·성적 정체성을 부여받은 채로 태어난다. 하이데거의 표현을 빌리자면 인간은 세계에 내던져진(Geworfenheit) 존재다. 또한 알베르 카뮈(Albert Camus)처럼 말하자면 우리를 둘러싼 모든 것은 말 그대로 부조리(l'absurde)라 할 수 있다. 우리는 세계 내에 내던져져 있다. 우리가 선택하지 않은, 그러나 우리의 선택이 이루어지기 위한 필연적 조건에 해당하는 소여를 사르트르는 '상황'이라 명명한다. 우리의 선택은 상황에 바탕을 둘 수밖에 없다. 그러나 흥미로운 것은 사르트르에게 우리가 특정한 상황에 놓여 있다는 사실이 그 어떤 종류의 결정론적 함축도 갖지 않는다는 점이다. 실존주의가 규정하는 인간은 상황에 의해 결정되는 존재가 아니라 상황 속에서 자신을 규정하는 존재다. 인간은 주어진 조건을 받아들이되 그 조건에 예속되는 대신 그로부터 '무엇을 할 것인가'를 끊임없이 자문하기 때문이다.

바로 이 지점에서 실존주의적 자유는 무한한 임의적 가능성이 아니라 일종의 요구이자 책무로 드러난다. '앙가주망'은 이 요구에 대한 응답이다. 앙가주망이란 자신이 놓인 상황을 인식하고 그 속에서 선택을 통해 시대와 관계 맺는 방식이다.

앙가주망

앙가주망은 실존주의의 핵심 개념이다. 본래 프랑스어 'engagement'은 정당 또는 조직의 가입이나 군 복무(engagement militaire), 사회운동에의 참여 등 어떤 외부적 체계나 목적에 자신을 종속시키는 행위를 뜻한다. 그러나 실존주의에서 앙가주망은 단순히 현실 문제에 개입하는 정치적 행위만을 뜻하지 않는다. 사르트르에게 앙가주망이란 대자적 존재가 구체적 현실 속에서 자유를 실현하는 근본적 방식이다. 앙가주망은 주체가 자신을 둘러싼 세계를 '상황'으로 규정하며 그 상황에 응답하는 실천이다. 인간 존재는 언제나 구체적 상황 속에 던져져 있다. 그러나 인간은 자신이 처한 조건을 수동적으로 받아들이는 대신 그 조건을 반성하고 변형함으로써 상황 속에서 자신의 존재를 형성해 간다. 바로 이 지점에서 인간은 '있는 그대로' 존재하는 즉자가 아니라 스스로의 의미를 끊임없이 기투하며 형성하는 대자다. 즉 인간은 자기 시대의 증인이자 그러한 증인의 자격으로 자기 자신을 창조하는 자다.

실존주의에서 자유는 단순한 내면의 성질이 아니라 세계 속에서 실현되고 증명되어야 할 무언가다. 그런데 우리가 이미 상황 속에 놓여 있으며 자신이 속한 사실적 조건을 피할 수 없다면, 우리는 정말 자유로울까? 인간은 애초에 역사적·사회적 관계망 속에서 태어나며, 자신을 둘러싼 세계의 현실적 조건들을 벗어날 수 없다. 그러나 중요한 것은 이 조건을 망각하거나 은폐하지 않고 자각하는 일이다. 앙가주망은 무엇보다 자신이 특정한 상황 속에 조건 지어져 있다는 사실을 '의식'하는 것에서 출발한다.

그런데 상황 속에 연관되어 있다는 사실을 의식하는 일이 왜 중요한가? 상황을 의식하고 명명하는 일은 곧 상황을 바꾸는 일이기 때문이다. 바로 이 점에서 사르트르는 말이란 탄약을 장전한 권총과 같다고 말한다. "말을 한다는 것은 권총을 쏘는 것이다."(사르트르, 2013: 33) ≪문학이란 무엇인가(Qu'est-ce que la littérature?)≫에서 사르트르는 다음과 같이 쓴다.

> 말한다는 것은 행동하는 것이다. 모든 사물은 이름이 붙여지자마자 이미 그 이전의 것과는 완전히 똑같은 것이 아니며, 그 순결성을 상실하게 된다.… 나는 말을 함으로써, 상황을 바꾸려는 내 기도 그 자체를 통해 상황을 드러낸다. 나는 상황을 바꾸기 '위해' 나 자신과 남들에게 상황을 드러낸다. 나는 상황의 핵심을 찌르고 그것을 관통하고 만인의 안전에 고정시켜 놓는다.… 한마디 말을 할 때마다, 나는 좀 더 깊이 세계 속으로 들어가고, 또 이와 동시에 조금씩 더 세계로부터 솟아오른다. 미래를 향해서 세계를 초월하기 때문이다.(사르트르, 2013: 30-31)

단순히 상황 속에 종속되어(embarqué) 있는 것과 그것을 의식하는 것은 전혀 다른 일이다. 앙가제(engagé)한다는 것은 단지 수동적으로 상황에 종속되는 것이 아니라 의식의 활동인 말 혹은 판단에 세계를, 나아가 자기 자신을 귀속하는 일이다. 의식은 판단의 형식으로 대상을 정립하며, 대상에 대해 판단함으로써 그렇게 판단된 것 속에 자신을 연관시킨다. 물론 무엇보다 판단은 자유의 표현이자 실천이다. 판단은 형상화되지 않은 채 잠들어 있던 세계를 일깨우는 일이다. 가령 '저 남자는 노예다'라고 판단함으로써 세계는 단번에 우리 판단에 연관된다. 이 판단에 의해 세계는 아직도 노예제가 존속하는 공간으로, 여전히 모든 인격을 존엄하게 대우하지 않는 야만의 시대로 전락한다. 이와 동시에 익명적이었던 의식 역시 이 판단에 연관된다. 이제 의식은 더 이상 중립적이며 무구한 시선이 아니라 노예로 전락한 남자를 목격한 증인이 될 것이기 때문이다. 바로 그 순간을 기점으로 나의 행동은 더 이상 임의적인 것이 되지 못한다. 나의 모든 행동은 어떤 방식으로든 그 사안에 대한 입장을 표명하는 일이 된다. 물론 선택은 나에게 달려 있다. 나는 현대의 노예제를 적극적으로 비난하고 규탄할 수 있으며, 어쩔 수 없는 일이라 말하며 암묵적으로 승인할 수도 있다. 그러나 전적으로 외면하는 일만큼은 불가능하다. 그것을 본 적 없으며 알지 못한다는 듯이 종전과 같은 일상을 영위하는 것조차 그의 불행을 묵인하는 하나의 선택이 될 수밖에 없기 때문이다.

이렇듯 '앙가주망'이란 인간이 자신의 시대에 대해 무관심할 수 없다는 존재론적 명제에 가깝다. 주체는 자신을 선택하며, 그의 모든 선택은 그가 내던져져 있는 세계 안에서, 타인과 더불어 이루어진다는 점에서 항상 앙가제한다. 인간은 자기가 처한 역사적·사회적 맥락과 무관하게 존재할 수 없기 때문에 중립적 존재란 불가능하다. 사르트르는 앙가주망 개념을 문학에도 적용한다. '참여'라는 표현으로 번역되어 온 앙가주망은 사실 사르트르 문학론을 특징짓는 핵심 개념으로 더 잘 알려져 있다. 사르트르는 작가가 자신의 시대를 "단단히 끌어안아야 한다"고 말하며, 예술가의 고립을 윤리적 태만으로 간주했다. 사르트르에게는 철학도 문학도 모두 참여의 한 형식이었다. 철학은 구체적인 인간의 삶과 괴리된 추상이 아니라 시대의 고통과 요청에 대한 응답이어야 했으며, 문학은 아름다운 문장을 짓는 기술이 아니라 세계에 말을 거는 행위여야 했다. 이로써 자유의 존재론은 곧 책임의 윤리로 이행한다. 사르트르에게 철학은 삶을 구성하고 세계를 형성하는 작업이며, 그 작업은 본질적으로 참여적이다. 철학은 삶을 초월하지 않는다. 오히려 그것은 삶의 한복판에서, 구체적 현실 속에서 이루어지는 실천이다. 따라서 실존주의는 방종이 아니라 자유의 조건 속에서 실천적 결단을 요구하는 윤리적 철학이다.

참고문헌

장폴 사르트르 지음, 박정태 옮김(2009). ≪실존주의는 휴머니즘이다≫. 이학사.

장폴 사르트르 지음, 정명환 옮김(2013). ≪문학이란 무엇인가≫. 민음사.

장폴 사르트르 지음, 변광배 옮김(2025). ≪존재와 무≫. 민음사.

Sartre, J.-P.(1945/2017). Présentation Des Temps Modernes. *Situations II*, pp. 198-218. Gallimard.

장폴 사르트르(Jean-Paul Sartre, 1905~1980)

20세기 프랑스를 대표하는 철학자이자 작가. 후설의 현상학과 하이데거의 존재론을 비판적으로 계승해 독자적인 실존주의 철학을 정립했다. 1905년 파리에서 태어났다. 1924년 고등사범학교에 입학해 모리스 메를로퐁티, 레몽 아롱 등과 교류했다. 1929년에는 평생의 지적 동반자인 시몬 드 보부아르를 만나 자유로운 관계 속에서 공동의 철학적 탐구를 이어 갔다. 대표적 철학 저작인 ≪존재와 무≫(1943), ≪변증법적 이성 비판≫(1960)에서 인간 자유의 본질, 주체의 자기 형성, 타자와의 관계, 실존적 책임 등의 문제를 체계적으로 다루었다. 소설, 희곡, 문학 평론 등 다양한 장르의 글쓰기를 통해 철학적 사유를 문학적으로 확장했다. 대표적 문학 작품으로는 ≪구토≫(1938), ≪닫힌 방≫(1944), ≪자유의 길≫ 삼부작(1945~1949) 등이 있다. 1945년 문예지 ≪현대≫를 창간해 문학, 철학, 정치 담론을 가로지르는 공론의 장을 열었다. 지식인의 정치적 책임을 강조했으며, 사회적 모순에 침묵하지 않고 선두에서 발언하기를 망설이지 않았다. 알제리전쟁에 반대하고 식민주의를 비판했으며, 1964년에는 제도화된 명예와 권위를 거부하는 신념의 표현으로 노벨상 수상을 거절했다. 20세기 지성사에서 '실천하는 지식인'을 상징하는 인물로 남아 있다.

이솔

서강대학교 철학과와 동 대학원을 졸업했다. 장폴 사르트르와 질 들뢰즈의 이미지 이론을 비교 분석한 논문으로 철학 박사 학위를 받았다. 현재 경북대학교 인문학술원에서 학술연구교수로 있으며, 서강대학교와 이화여자대학교에 출강하고 있다. 장폴 사르트르의 철학을 다룬 논문으로는 "사르트르의 이미지 이론에서 아날로공(Analogon) 개념의 의미"(2013), "사르트르와 유아론(solipsisme)의 문제"(2016), "사르트르와 윤리의 문제: 자아를 넘어선 초월의 가능성"(2018), "사르트르 철학에서 대상화의 문제: 누스바움의 대상화 이론에 대한 비판"(2023), "사르트르 상상력 이론에서 예술작품의 문제"(2024), "사르트르와 동물 타자의 문제: 인간중심주의(anthropocentrism)를 벗어날 수 있는 가능성"(2024), "사르트르 철학에서 감정의 문제: 감정의 초월성"(2024) 등이 있다. 장폴 사르트르의 ≪자아의 초월성≫(2017)을 공역했으며, 공동 저서로는 ≪사르트르의 미학≫(2017), ≪놀이꾼의 상상력≫(2025), ≪비평가 들뢰즈≫(2025)가, 단독 저서로는 ≪이미지란 무엇인가≫(2023)가 있다.